Ewan Clarkson
Durch die Schneewüste

Ewan Clarkson
Durch die Schneewüste

Aus dem Englischen
von Lutz-W. Wolff und Elisabeth Epple

CIP-Titelaufnahme der Deutschen Bibliothek

Clarkson, Ewan:
Durch die Schneewüste / Ewan Clarkson. Aus. d. Engl.
von Lutz-W. Wolff u. Elisabeth Epple. – 2. Aufl. – Würzburg: Arena, 1988
ISBN 3-401-04188-6
Einheitssacht.: Ice trek < dt. >

Für Rebecca

2. Auflage 1988
© der deutschen Ausgabe: Arena Verlag GmbH, Würzburg, 1987
Alle Rechte vorbehalten
© 1986 by Ewan Clarkson
Die Originalausgabe erschien unter dem Titel »Ice Trek« beim Verlag
Century Hutchinson Ltd, London
Aus dem Englischen von Lutz-W. Wolff und Elisabeth Epple
Schutzumschlag von Pieter Kunstreich
Lektorat: Barbara Küper
Gesamtherstellung: Pfälzische Verlagsanstalt, Landau
ISBN 3-401-04188-6

1

Laut klappernd wurde eine leere Blechbüchse vom eisigen Wind über die Steine getrieben. Der kurze Sommer war so gut wie vorbei. Blutrot ging die Sonne in der bewegten See unter; der Westwind trug den kalten Atem der Eisschollen mit sich. Noch war das Eis nicht zu sehen. Noch lag es draußen auf See, dreißig Meilen entfernt, hinter dem Horizont. Aber bald, das wußte Steve Larsen, würden die Eisschollen dicht vor der Küste treiben. Mit dumpfem Grollen würden sie aufeinanderprallen und versuchen, die Küste in ihrem blinden Würgegriff zu ersticken. In der Arktis gab es keinen Herbst im eigentlichen Sinn, nur ein kurzes Auflodern der Farben, wenn die Blätter starben. Danach eroberte sich der Winter innerhalb weniger Tage das Land zurück.

Im Osten lag Wildnis, bedrohliche, düstere Wildnis. Eine endlose, weglose und öde Kette von Hügeln, verlassenen Sümpfen, Gagelsträuchern, Moos, Wollgras und ein paar windzerzausten, sonnenhungrigen Weiden. Das war die Tundra. Scheinbar ohne Leben und unbeseelt, wirkte sie trotzdem wie eine Drohung, wie eine fremde Macht mit der Kraft zur Zerstörung.

Dazwischen lag auf einem schmalen Streifen Land, der sich wie eine Bärentatze hinaus ins Meer streckte, die Eskimosiedlung: ein paar Häuser aus Fertigbauteilen, die scheinbar beliebig auf der dünnen Grasnarbe verstreut standen, umgeben von einer chaotischen Ansammlung von Schneemobilen, Hundeschlitten, Booten und Außenbordmotoren. Einiges war reparaturbedürftig, anderes nicht mehr zu gebrauchen. Überall sah man Benzinfässer, die grellrot bemalt waren, damit man sie im Schnee schneller fand. Wie Gerippe aus windzerfressenem Treibholz standen hier und da Gestelle zum Trocknen von Fischen und Tierfellen. Da sie jetzt nicht benutzt wurden, ragten sie leer in den Himmel und dienten als Sitzstangen für die Raben, die den Kiesstrand nach Beute absuchten, dort aber meist nur im Wind knatternde Plastikfetzen vorfanden.

Die Eskimosiedlung war praktisch verlassen. Die meisten Männer waren während des Sommers auf Arbeitsstellen in anderen Teilen des Landes, und die Frauen waren mit ihren Kindern und den alten Leuten in die Sommerlager zum Beerenpflücken gezogen. Larsen streifte sich die Kapuze seiner Parka über die blonden Stoppelhaare. Vorsichtig suchte er sich einen Weg zwischen vertrockneten Hundehaufen und Bergen verfaulenden Unrats entlang der Hochwasserlinie und kauerte sich in den Windschatten eines verlassenen Bootes. Das Boot stank nach verfaultem Fisch, nach Walöl, verdorbenem Fleisch und Hund, aber es war auch nicht schlimmer als das übrige Ufer. Die Leute hier stellten ihre Geschicklichkeit als Scharfschützen unter Beweis, indem sie auf vorüberfliegende Möwen schossen. Verwesende Vogelkadaver bedeckten die Hochwasserlinie, die Flügel zum letzten Mal weit ausgebreitet.

Larsen sah sich nach etwas um, worauf er sich setzen konnte, gab dann aber auf und hockte sich auf die Fersen, ein Trick, den er bei den US–Marines gelernt hatte, in den endlosen Tagen und Nächten, die er in den dampfenden Dschungeln am anderen Ende der Welt zugebracht hatte. Selbst heute noch, Jahre später, konnte er stundenlang hocken, ohne daß es ihm unbequem wurde.

Seine blaßblauen Augen tränten ein bißchen, als er den Blick angestrengt nach Norden richtete, wo die flachen Hügel in mehreren Absätzen zu einem Bergrücken anstiegen, der sich in Nebel gehüllt hatte. Larsen kannte diese Hügel von ausgedehnten Wanderungen. Sie bildeten immer dort einen Absatz, wo früher einmal die Küstenlinie verlief. Jahrelang hatten die Archäologen im Frostboden nach Überresten früherer Siedlungen gegraben und herauszufinden versucht, wie die Menschen gelebt hatten, die sie bewohnten. Bei einer dieser Wanderungen hatte Larsen eine Pfeilspitze aus Feuerstein aufgehoben und nicht ohne Schuldgefühl in die Tasche gesteckt, denn er wußte genau, daß es nach dem Antiquities Act streng verboten war, sich historische Überreste der Eingeborenenkultur anzueignen. Doch störte ihn nicht so sehr die Gesetzesübertretung, sondern mehr noch die Tatsache, daß die Pfeilspitze ihm nichts vermittelte, daß sie ihm nichts über den Mann verriet, der sie angefertigt hatte, der dort gefischt und gejagt, gelebt und geliebt hatte und möglicherweise dort gestorben war. Nichts verriet sie, außer daß er geschickte Hände gehabt hatte und über einen Instinkt verfügte, der es ihm ermöglichte, zu überleben.

Larsen sah hinaus aufs Meer. Irgendwann einmal hatte es dort eine Landbrücke zwischen Alaska und Sibirien gegeben. Jäger waren über die sumpfige Wildnis gekommen, im Gefolge der Herden, von denen sie lebten. Dann war der Meeresspiegel gestiegen und hatte die beiden Kontinente getrennt; aber auch das eisige Wasser der Meerenge war kein Hindernis gewesen. Jahrhundertelang hatten die Menschen sie in zerbrechlichen, fellbespannten Booten überquert, um Handel zu treiben, Bräute zu erringen und Waren zu tauschen. Jetzt allerdings wurden die Kontinente und ihre Bewohner von Kräften getrennt, die viel stärker als die Naturgewalten waren und sich in den Köpfen der Menschen befanden.

Wie die meisten Amerikaner hielt Larsen den Kommunismus für eine Idee aus dem Osten und den Kapitalismus für ein westliches System. Hier allerdings stimmte dieses Weltbild nicht mehr. Der Kommunismus lag vor ihm im Westen, während der kapitalistische Osten hinter ihm lag. Er stand an einer Küste, deren Bewohner die letzten Abkömmlinge einer Kultur waren, die älter, dauerhafter und besser erprobt war als jede der beiden heute herrschenden Ideologien. Und doch wurden diese Menschen jetzt mit allen Mitteln der Verführung und Gewalt dazu gebracht, sich einem ökonomischen System anzupassen, von dem noch keineswegs sicher war, ob es sie ernähren oder auslöschen würde. Stück für Stück gingen ihnen die Fähigkeiten verloren, mit denen sie bereits überlebt hatten, als es noch keinerlei Landwirtschaft gab.

Larsen tastete in seiner Tasche nach der Pfeilspitze und zog sie heraus. Sie war sehr schön gearbeitet: klein, blattförmig und immer noch spitz genug, um die Haut zu durchbohren. Sollte all diese Geschicklichkeit und Erfindungsgabe ebenso zugrunde gehen wie der Pfeilschnitzer selbst? Würde die Eskimokultur im Schmutz der Wegwerfgesellschaft versinken, der ihn umgab? Wenn das der Fall sein sollte, war es wirklich eine Schande, und das um so mehr, als Larsen gehofft hatte, noch auf seine Art vom Lebensstil der Ureinwohner zu profitieren, ehe er gänzlich verschwand.

Den größten Teil seiner Kriegserlebnisse in Vietnam hatte er nur allzu bereitwillig vergessen, vor allem die endlosen Fiebertage im Dschungel, aber an eines erinnerte er sich gern: Er hatte zum ersten Mal die Gelegenheit gehabt, fremde Länder zu sehen. Der unstillbare Hunger nach neuen Orten war ihm zu seiner eigenen Überraschung nach seiner Entlassung geblieben, ihm, der bis dahin, soweit er sich erinnern konnte, nie den Drang zu reisen verspürt hatte. Er hatte sich überlegt, daß es einer Menge anderer Leute wahrscheinlich genauso ging und daß sie bestimmt bereit waren, gutes Geld zu bezahlen, um ihre Neugier zu stillen. Deshalb hatte er eine Reiseagentur gegründet, die sich auf Exkursionen in abgelegene Gebiete spezialisierte. Seine Überlegungen hatten sich als richtig erwiesen. Die Agentur war ein Erfolg, und er hätte sie längst erweitern können, aber er hatte es vorgezogen, seine Kunden auch weiterhin individuell zu betreuen und dafür lieber höhere Preise zu verlangen. So betrieb er die Agentur ganz allein, oder jedenfalls beinahe; er hatte zu Beginn eine Assistentin namens Sylvie eingestellt, die er inzwischen leidenschaftlich liebte.

Anfang des Jahres hatte Larsen erfahren, daß der Kongreß die Absicht hatte, in Alaska einige neue Nationalparks und Naturschutzgebiete zu schaffen, in denen nur die Ureinwohner, die Eskimos und Indianer, das Recht haben sollten, zu jagen und zu fischen und – soweit sie dies wünschten – ihren traditionellen Lebensstil fortzusetzen. Er hatte darüber nachgedacht, ob es nicht für wohlhabende Bürger der Vereinigten Staaten reizvoll sein könnte, das Naturerlebnis der Wildnis mit einem Besuch bei den Eskimos zu verbinden und sich deren Kultur anzusehen, und war dann bei nächster Gelegenheit nach Alaska geflogen, um selbst zu prüfen, wie eine solche Tour aussehen könnte. Er hatte aber bald einsehen müssen, daß er einer Illusion nachgejagt war.

Die betreffenden Gebiete waren viel zu unzugänglich, das Gelände war zu gefährlich und das Klima zu rauh, um sein Publikum anzulocken. Nur sehr junge, starke und abenteuerlustige Menschen würden der Herausforderung dieses Landes gewachsen sein – und die hatten mit Sicherheit nicht die nötigen Mittel. Außerdem fehlten geeignete Unterbringungsmöglichkeiten. Larsen wußte aus Erfahrung, daß auch ältere Touristen am Tage die ärgsten Strapazen in Kauf nahmen, solange ihnen am Abend eine warme Dusche und ein weiches Bett in Aussicht gestellt wurden. Aber hier in dieser abgelegenen Gegend konnte er ihnen nichts dergleichen versprechen.

Hinzu kam die reservierte Haltung der Eskimos selbst. »Wissen Sie, das ist so«, hatte einer von ihnen gesagt. »Ich kann nicht auf Bestellung Seehunde schießen – und schon gar nicht, wenn mir ein Haufen täppischer Touristen dabei im Genick sitzt. Oder würde es Ihnen gefallen, wenn Sie vor dem Haus Ihren Wagen zu reparieren versuchen und mein halbes Dorf würde um Sie herumstehen, lachen und fotografieren?« Gegen seinen Willen hatte Larsen zugeben müssen, daß der Mann irgendwie recht hatte.

Er war also ziemlich skeptisch geworden, und das teilte er jetzt auch seiner Assistentin mit, indem er das kleine Diktaphon herauszog, das er stets bei sich trug, und mit leiser Stimme ins Mikrophon sprach.

»Ja, Liebling, das wäre so ziemlich das Ende der Reise und das Ende unserer Hoffnungen. Es gibt keine Walrosse, keine

Eisbären, keine Karibus und keine Wölfe hier, jedenfalls nicht im Umkreis von fünfzig Meilen, und die Eskimos sehen auch nicht so aus, wie sie sollten. Kein einziger hat eine pelzgefütterte Parka. Die meisten scheinen gebrauchte Jacken aus Regierungsbeständen zu tragen. Und was noch schlimmer ist: Sie interessieren sich einfach nicht für Touristen, und Andenken wollen sie auch nicht verkaufen.«

Larsen zögerte einen Moment und fragte sich, ob er ein zu düsteres Bild zeichnete, fand das aber letztlich nicht. Seine Kunden erwarteten vor allem eine Unmenge Handarbeiten, um die sie feilschen und die sie kaufen konnten, um sie zuhause ihren Leuten zu zeigen. Ihm schwebten geschnitzte Walroßzähne und Karibugeweihe vor, Handschuhe und Schuhe aus Seehundsfell, aber nichts dergleichen wurde ihm angeboten. Es gab nur noch eine winzige Chance. Im Landesinneren lag im Osten eine gewaltige Bergkette, die Brooks Range, die das arktische vom südlichen Alaska abtrennte. Tief im Herzen dieses Gebirges, in einem breiten Tal, das die Bergkette zerschnitt und einen der wenigen Übergänge von Norden nach Süden eröffnete, lag die kleine Eskimosiedlung Anaktuvuk.

Eine Straße oder eine Eisenbahnlinie gab es dort nicht. Die Straße, über die die Ölfelder an der Prudhoe Bay versorgt wurden, verlief weiter im Osten. Anaktuvuk war nur auf dem Luftweg erreichbar. Doch vor knapp vierzig Jahren hatte sich dort eine Gruppe von Eskimos niedergelassen. Einst waren sie Nomaden gewesen, abhängig von der Wildjagd. Sie folgten den großen Karibuherden auf ihren Frühlings– und Herbstwanderungen, kleideten sich mit ihren Fellen, lebten in Zelten aus ihren Häuten, ernährten sich von ihrem Fleisch und ihrem Fett. Anfang des Jahrhunderts waren sie, gezwungen vom Mangel an Wild, nordwärts gezogen. Ihren Lebensunterhalt suchten sie nun an den Ufern der Beaufort–See und jagten Seehunde, Walrosse und Wale. Dann war das Wild in die Hügel zurückgekehrt, und mit ihm kamen auch die Menschen wieder nach Hause, um Karibus, Wildschafe und Bären zu jagen. Außerdem, so hatte Larsen gehört, erzeugten sie nebenbei traditionelle Schnitzereien und andere Volkskunst, die sie in den Städten des Südens recht gewinnträchtig verkauften. Der Pilot des Flugzeugs, das Larsen gechartert hatte, war durchaus bereit, ihn nach Anaktuvuk zu fliegen, und falls sich der Ort als genauso ungeeignet wie dieses Küstendorf erwies, war er wenigstens schon wieder etwas näher am Flughafen von Fairbanks, wo die Düsenmaschinen in die Vereinigten Staaten abgingen.

Er bediente wieder die Aufnahmetaste seines Recorders. »Dieser Ort hier ist anscheinend die Mülldeponie der westlichen Welt. Bald werde ich in die Zivilisation zurückkehren, aber morgen fliege ich erst mal dreihundert Meilen nach Osten. Dort gibt es in den Bergen ein Dorf, wo die Eskimos Masken für den Souvenirhandel schnitzen sollen. Ich werde dir eine mitbringen. Vielleicht können wir für diese Gegend organisierte Abenteuerreisen arrangieren. Wahrscheinlich bin ich sowieso eher wieder im Büro als dieses Tonband, aber ich werde es in jedem Fall mit der Post schicken. Paß auf dich auf! Steve.«

Er stellte das Gerät ab und stand auf. Larsen war ein langer, schlaksiger Amerikaner schwedischer Abstammung. Daß er schon über vierzig war, wollte er nicht wahrhaben. Die ersten paar Schritte hinkte er etwas; das kam von einer alten Wunde am Bein, die zuerst harmlos erschienen war, aber in der feuchten Wärme Vietnams einfach nicht hatte heilen wollen. Schließlich hatten sie ihn an der Wade operiert und das Geschwür weggeschnitten. Man sah fast keine Narbe, und er hinkte auch kaum. Nach einem Monat war er täglich zwanzig Meilen gelaufen, und jetzt hatte er sich so an die leichte Steifheit gewöhnt, daß er sie kaum noch bemerkte.

Die rechte Schulter gegen den Wind gestemmt, ging er mit raschen Schritten zurück zu den Häusern. Von weitem war schon das leise Dröhnen des Flugzeugs zu hören, das ihn zur nächsten Stadt an der Küste zurückbringen sollte. Er war froh, daß er sich hier nicht länger aufhalten mußte. Ein Rabe flog von einem Haufen Unrat neben dem Weg auf und krächzte herausfordernd, während er auf steifen, schwarzen, weit ausgebreiteten Schwingen über die Tundra davonflog. Ein einsamer alter Mann erschien in der Tür einer der Hütten, starrte Larsen ausdruckslos an, verschwand wieder und schloß die Tür hinter sich.

Larsen zuckte die Achseln und ging weiter. Selbst wenn die Eskimos freundlicher gewesen wären, hätte es hier weitere unlösbare Probleme gegeben. Der Höhepunkt der Touristensaison lag im Sommer, während die Jagd zu anderen Jahreszeiten Saison hatte. Der Walfang und die Robbenjagd endeten mit dem Frühjahr, und die Karibujagd begann erst im Herbst, außerdem waren im Juli, wie man Larsen erzählt hatte, die Mücken ganz unerträglich. Und Beerenpflücken konnte man kaum als Touristenattraktion bezeichnen, so wichtig es für die Eingeborenen auch sein mochte.

Die viersitzige Cessna wartete auf der Rollbahn. Es war ein klappriges altes Ding. Manche der Beulen am Rumpf sahen aus, als wäre die Maschine durch schweres Sperrfeuer mit Gummigeschossen oder Golfbällen geflogen. »Das waren Hagelkörner«, erklärte der Pilot fröhlich. »So etwas erleben wir laufend.«

Larsen schauderte. Die Tatsache, daß Tibbett, der Pilot, die Flugtauglichkeit seiner Maschine in regelmäßigen Abständen überprüfen lassen mußte, erschien ihm nur als geringer Trost.

Tibbett war Texaner, aber Larsen wäre von sich aus nicht darauf gekommen. Der Mann war so klein, daß er fast wie ein Jokkey aussah. Andererseits war das für einen Buschpiloten wahrscheinlich ganz praktisch. Je weniger der Pilot wog, desto mehr Fracht konnte das Flugzeug mitnehmen. Larsen kam damit der Wahrheit näher, als er ahnte.

Jetzt saß Tibbett vor dem Armaturenbrett und kaute auf den kalten Resten einer Zigarre. Als Larsen an Bord kam, warf er den Zigarrenstummel weg, aber der üble Gestank blieb in der Luft hängen.

»Na, haben Sie den Nordpol gefunden?« fragte er.

»Ist er denn verlorengegangen?« fragte Larsen zurück. »Können Sie mich zu einem anständigen Scotch fliegen?«

»Na klar«, sagte Tibbett. »Wie ein Apachenpfeil. Aber der Scotch wird Sie eine Stange Geld kosten. Wenn das Zeug hier oben ankommt, ist es wertvoller als alles Gold, was sie mal aus dem Klondyke geholt haben.«

Larsen ließ den Mann reden. Er hatte eine Flasche Whisky auf seinem Hotelzimmer. Er schnallte sich auf seinem Sitz an und lehnte sich in der engen Kabine zurück, während der Motorenlärm beruhigend anschwoll. Larsen entspannte sich und sah nicht einmal zum Fenster hinaus, als sie in tausend Fuß Höhe über die Tundra dahinknatterten. Er war müde und hungrig, und der kalte Wind, der vom Meer her geweht hatte, saß ihm immer noch in den Knochen. Er fühlte sich alt und irgendwie verwundbar.

Die kleine Hafenstadt war genauso trostlos wie die Eskimosiedlung, aber sehr viel belebter und lauter. Larsen war für die Wärme dankbar, die ihm entgegenschlug, als er durch die Tür seines Hotels trat. Das Hotel war heruntergekommen und schmutzig, es roch nach Fisch und gebratenem Speck, ungewaschenen Männern und nasser Wolle, aber Larsens Bett war bequem und das Essen genießbar.

Ganz in der Nähe wurde ein neues Hotel gebaut. Das Geld stammte aus den Entschädigungszahlungen, mit denen man die Eingeborenen abgefunden hatte, als sie ihren Landbesitz hergeben mußten. Die fünfhunderttausend Quadratmeilen Wildnis, Wälder und Berge, Flüsse, Sümpfe, Seen und Tundra, diese riesige Eiswüste, die sich Alaska nannte, wurde säuberlich aufgeteilt. Der Staat übernahm ein Drittel des »Großen Landes«. Die Eingeborenen hatten sich mit weniger als einem Sechstel begnügt, würden aber knapp hundert Millionen Dollar als Entschädigung erhalten. Dieses Geld verwalteten örtliche Investitionsgesellschaften, in denen die Eingeborenen selbst den Ton angaben. Eines Tages würden sie vielleicht doch noch eine Fremdenverkehrsindustrie aufbauen.

Oben in seinem Zimmer nahm Larsen die Whiskyflasche aus seiner Reisetasche, goß sich einen ordentlichen Schluck in den

Zahnputzbecher und legte sich damit aufs Bett. In der Regel trank er nicht allein, aber es war sehr viel billiger als in der Bar. Da praktisch alle Lebensmittel eingeflogen werden mußten, war das Leben hier oben fast doppelt so teuer wie im übrigen Amerika, jener Vereinigung von Staaten, die von den Bewohnern Alaskas meist nur verächtlich »die unteren Achtundvierzig« genannt wurde. Diese hohen Preise mußten in seine Reiseangebote mit einkalkuliert werden. Vermutlich ein weiterer Grund, weshalb das Abenteuer gar nicht erst starten konnte. Larsen goß sich noch einen Drink ein. Er würde die Flasche ja bald nicht mehr brauchen.

Das Abendessen war gut. Larsen wählte ein Karibusteak, vor allem deshalb, weil es nur halb so teuer wie ein Rindersteak war, und er konnte keinen großen Unterschied zu dem Wild feststellen, das er in heimatlichen Wäldern geschossen hatte. Er aß mit gutem Appetit, der wahrscheinlich von der arktischen Kaltluft herrührte; weil er weder allein in seinem Zimmer hocken noch ins Freie hinausgehen mochte, setzte er sich danach in die Bar. Er bestellte ein Bier, seufzte über den Preis und lehnte sich dann zurück, um sich umzusehen.

Beißender Tabakrauch füllte den Raum. Die Gäste waren zum größten Teil Eskimos: Fischer oder Bauarbeiter in karierten Flanellhemden. Andere, so vermutete Larsen, vertranken ihr Sozialversicherungsgeld. An einem Tisch in der Nähe spielten ein paar Weiße Karten, wahrscheinlich kamen sie von einem der Ölfelder.

»Mr. Larsen?«

Erschrocken fuhr Larsen zusammen. Der Mann, der ihn angesprochen hatte, war älter als er. Er hatte schwarze, kurzgeschnittene Haare, dunkle Mongolenaugen und die hohen Backenknochen der Eskimos. Aber er war groß, knapp einen Meter achtzig, und spindeldürr. Da war noch etwas, etwas Eigenartiges, und Larsen brauchte einen Moment, um darauf zu kommen. Die Nase des Mannes paßte nicht in sein Gesicht. Sie sah eher aus, als gehöre sie einem Indianer. Larsen zuckte die Achseln. Der Mann konnte Japaner oder auch Chinese sein.

»Mein Name ist Umiak«, sagte er jetzt. »Das bedeutet Walfangboot.« Er lachte nervös, als wäre er gewohnt, daß die Leute über diesen Witz lachten.

Larsen wartete ab. Was sollte man zu einem Mann, der Walfangboot hieß, sagen?

»Sie gestatten doch?« Es klang wie ein Befehl. »Ich habe gehört, daß Sie morgen nach Anaktuvuk aufbrechen wollen. Ihr Pilot hat sich bereit erklärt, mich ebenfalls mitzunehmen.« Wieder kicherte Umiak, eine irritierende Angewohnheit. »Ich wiege nicht viel, und ich werde natürlich meinen Teil an den Flugkosten bezahlen.«

Larsen zuckte die Achseln. Er war unsinnigerweise verärgert, daß Tibbett den Handel hinter seinem Rücken abgeschlossen hatte, obwohl er doch finanziell davon profitierte. Er streckte die Hand aus. »Willkommen an Bord, Mr. Umiak«, war alles, was er sagte.

Der Händedruck des Mannes war fest, seine Hand voller Schwielen. Vermutlich tat er schwere körperliche Arbeit. Dennoch hatte er die Aura eines Anführers. Seine Selbstsicherheit wurde nur durch das nervöse Lachen etwas beeinträchtigt, das jetzt zum dritten Mal ertönte. »Was führt Sie in einen Ort wie Anaktuvuk, Mr. Larsen?« fragte er.

Einen Moment lang war Larsen versucht, dem Fremden zu sagen, er möge sich um seine eigenen Angelegenheiten kümmern. Aber dann fiel ihm ein, daß dieser Umiak ein nützlicher Kontakt zu den Eskimos sein könnte. Er bequemte sich also zu einer Erklärung.

Umiak schwieg einen Augenblick. »Anaktuvuk ist kein Ferienort«, sagte er schließlich. »Und ich persönlich hoffe, daß es auch nie einer wird, Mr. Larsen. Es gibt zwar Maskenschnitzer und andere Volkskunst dort. Aber die meisten Leute sind viel zu beschäftigt, ihr eigenes Leben zu führen, als daß sie reichen Touristen irgendwelche Kunststückchen vorführen könnten.«

Viel zu beschäftigt, sich genauso vollaufen zu lassen wie die Burschen hier in der Bar, dachte Larsen. Dieser arrogante Kerl ist bestimmt keine Hilfe. Aber noch ehe er dem Mann eine passende Antwort geben konnte, hatte Umiak schon das Thema gewechselt. »Unser Pilot scheint sich recht gut zu amüsieren«, sagte er.

Larsen hatte die Anwesenheit des kleinen Texaners noch gar nicht bemerkt. Tibbett saß an einem Tisch in der Ecke. Er hatte die Ärmel aufgekrempelt und forderte alle Neuankömmlinge zu einer Kraftprobe im Armdrücken auf. Für einen kleinen Mann wirkte er bemerkenswert kräftig. Er schien sich allerdings mehr auf den Scotch als auf seine Kraft zu verlassen, und Larsen machte eine entsprechende Bemerkung.

Der Barkeeper hinter ihm ließ ein kurzes, heiseres Lachen ertönen. »Machen Sie sich wegen dem keine Sorgen, Gentlemen. Bei dem ist es egal, ob er betrunken ist oder nüchtern. Fliegen kann der sowieso nicht.«

»Er hat schon länger überlebt, als wir je vermutet hätten«, gab Umiak zu bedenken. »Vielleicht hat er ja dazugelernt.«

Die wollen mir Angst einjagen, dachte Larsen, und verdammt noch mal, es gelingt ihnen. »Er scheint mir ein erfahrener Pilot zu sein«, bemerkte er vorsichtig.

Der Barkeeper schnaufte verächtlich. »Er hat nicht viel mehr als ein paar hundert Flugstunden, hab' ich gehört, und die hat er mit dem Besprühen der Felder in Alabama verbracht.«

»Hören Sie nicht auf ihn, Mr. Larsen«, sagte Umiak. »Ich fliege ja auch mit ihm. Was unser Freund meint, ist folgendes: Die besten Piloten sind bei den Ölgesellschaften und den großen Konzernen angestellt, weil die Spitzenlöhne zahlen. Die staatlichen und die Bundesgesellschaften haben ihre eigenen Piloten, und wir müssen mit dem Rest vorlieb nehmen. Manche sind gut, manche schlecht. Unser texanischer Freund ist ein gut Teil besser als viele andere, die wir kommen und gehen sahen.«

»Er muß erst mal den Winter hier oben überstehen«, knurrte der Barkeeper. »Wenn er's bis zum Frühjahr schafft, kann vielleicht ein Buschpilot aus ihm werden.«

»Na ja, wie ich höre, ist der Wetterbericht für morgen gut«, sagte Larsen.

Umiak zuckte die Achseln. »Als ich hereinkam, haben draußen die Sterne getanzt. Das bedeutet viel Wind. Außerdem herrscht in den Bergen immer ganz anderes Wetter als hier, vor allem jetzt im Herbst. In diesem Land ist jede Reise gefährlich. Damit müssen wir leben. Aber soviel ich gehört habe, sind die Autobahnen in den unteren Achtundvierzig auch ganz schön gefährlich.«

Das, dachte Larsen, kann ein Flug in einem Kampfhubschrauber über den Dschungel auch sein. Er wußte nicht mehr, wieviele Male er zusammengekrümmt und unbequem darin gesessen hatte, die Haut vom Gurtband wundgescheuert, den Karabiner in der schweißnassen Hand. Jedesmal hatte er sich gefragt, wieviele derartige Einsätze er noch würde überleben können. Nun, er hatte sie alle unverletzt überstanden, von dem Bein mal abgesehen.

Umiak bewegte sich zu einem Bekannten am anderen Ende der Bar hin. Diese Gelegenheit benutzte ein junges Eskimomädchen, um Larsen etwas ins Ohr zu flüstern. Er lehnte ihr Angebot schroffer ab, als er eigentlich wollte, und war überrascht, daß sie errötete, während sie sich verwirrt abwandte. Meine Güte, dachte er, ein unschuldiger Annäherungsversuch! Sie war wirklich hübsch. Wie konnte er ihr erklären, daß sie ihn zu lebhaft an andere hübsche junge Mädchen in den Bars von Saigon erinnerte, an Mädchen, deren Gesellschaft er vollauf genossen und über deren Schicksal er sich seitdem nie mehr nachzudenken erlaubt hatte.

Nachdenklich starrte Larsen in sein leeres Glas. Wenn er noch ein, zwei Bier trank, würde er zu dem Angebot des Mädchens vielleicht nicht mehr nein sagen können. Vielleicht sollte er die Gelegenheit ergreifen, ehe die Ölleute ihre Karten satt hatten. Statt dessen ging er hinauf in sein Zimmer. Aber er mußte seinen ganzen Whisky austrinken, ehe er einschlafen konnte.

2

Der Morgen dämmerte strahlend klar herauf, aber es lag eine schneidende Kälte über der Stadt, so als hätte der Winter seine eisigen Klauen schon ausgestreckt und wollte ihn gefangenhalten. Beim Frühstück erfuhr Larsen vom Wirt, daß Tibbett schon aufgestanden sei und ihn am Flugzeug erwartete. Von Umiak war nichts zu sehen. Also brach Larsen allein auf. Er hoffte, die frische Luft würde ihm auch den Whiskydunst aus dem Schädel vertreiben.

Der Pilot war sichtlich verkatert, aber durchaus guten Mutes. Er studierte gerade die Karte, als Larsen herankam. Neugierig blickte Larsen ihm über die Schulter. Selten hatte er eine Karte gesehen, auf der es so wenige Zeichen menschlicher Zivilisation gab. Keine Städte, keine Dörfer, keine Straßen, keine Schienen, nur eine Ansammlung mächtiger Berge und das Netzwerk der zahllosen Flüsse, dazwischen ein paar einsame Seen. Im Norden erstreckte sich endlose Tundra, die nur vom Colville River durchtrennt wurde.

»Da wollen wir hin«, sagte Tibbett und zeigte mit seiner Zigarre auf einen winzigen Punkt in der Mitte der Karte. »Das ist Anaktuvuk. Keine großen architektonischen Wunder, bloß ein paar Baracken und Häuser aus Fertigbauteilen und ein Schneepfad, der nirgendwo hinführt. Verfehlen können wir es wohl kaum, denn es gibt weit und breit keine andere Siedlung. Und selbst wenn wir vorbeifliegen sollten, stoßen wir unweigerlich auf die neue Versorgungsstraße nach Prudhoe Bay weiter im Osten. Sie ist hier nicht eingezeichnet. Ich wollte sie immer mal eintragen, aber zum Teufel, jeder weiß schließlich, daß sie da ist.« Er ließ einen Aschenregen auf die Landkarte fallen und fegte ihn beiseite. »Hier unten ist das Gebiet des künftigen Noatak–Reservats. Eine Wildnis. Und östlich davon wird es noch wilder: die Brooks Range, das Tor des künftigen arktischen Nationalparks.«

»Fliegen wir da drüber?« fragte Larsen ungläubig.

»Um Himmels willen, nein«, sagte Tibbett. »Wir bleiben hier oben im Norden, über dem Vorgebirge. Aber Sie werden die Berge natürlich sehen können, im Süden.«

»Wir fliegen nach Sicht?« fragte Larsen.

»Ja, im großen und ganzen bleibt uns nichts anderes übrig. Diese alte Rostlaube hat keine besonders raffinierten elektronischen Navigationshilfen, und die meisten wären hier oben sowieso nutzlos. Aber ich bin die Route schon ein- oder zweimal geflogen und kenne sie inzwischen ganz gut.« Er faltete die Karte zusammen und verstaute sie in einer Tasche an der Tür seiner Cessna.

Larsen machte sich daran, seine Tasche einzuladen, mußte aber feststellen, daß zwei große Kartons den Gepäckraum hinter den Sitzen schon nahezu ausfüllten. »Das ist Fracht«, sagte Tibbett. »Sie haben Glück, daß es kein Hundegespann ist.« Er sah auf die Uhr und zuckte die Achseln. »Häuptling Umiak müßte eigentlich jeden Augenblick da sein. Vielleicht kommt er pünktlich, vielleicht auch nicht. Zeit bedeutet den Eskimos gar nichts.«

»Ist er ein richtiger Häuptling?«

»Keine Ahnung. Er ist Kapitän eines Walfangbootes. Das verschafft ihm bestimmt einigen Einfluß bei seinen Leuten, obwohl sie hier in der Gegend nur im Frühjahr Wale jagen. Den Rest des Jahres arbeitet er für die neue Kooperative und kümmert sich um ihr Geld und ihre Grundstücke.«

Plötzlich lachte der Texaner. »Mann, Sie hätten ihn sehen sollen, gestern abend in der Bar, nachdem Sie raufgegangen waren. Da rollte der Rubel! Ich sage Ihnen, wir hätten diese Millionenentschädigung auch gleich direkt in den Abfluß kippen können, denn da geht das meiste sowieso runter.«

»Wenn die Regierung *Ihnen* eine Entschädigung dafür gezahlt hätte, daß sie Ihnen Ihr Land weggenommen hat, dann würden Sie mit Sicherheit sagen, daß es niemanden was angeht, was Sie mit Ihrem Geld machen.«

Keiner der beiden Amerikaner hatte Umiak kommen hören.

Er stand vor ihnen, ordentlich, aber warm gekleidet, so als wollte er einen kurzen Jagdausflug machen. Seine Hosen steckten in kniehohen Stiefeln, und über dem blauen Baumwollhemd trug er eine dicke Wolljacke. Auf dem Kopf hatte er eine Schirmmütze mit Ohrenklappen.

Einen Augenblick wurde Tibbett vor Ärger und Verlegenheit rot im Gesicht, dann entspannte er sich. »Sie haben recht, es geht mich nichts an. Schließlich bleibt jede Menge von dem Geld bei mir hängen.«

Umiak, der in der einen Hand eine Reisetasche und in der anderen einen Vierliterkanister trug, gab keinen weiteren Kommentar ab. Er kletterte an Bord der Cessna und setzte sich hinter den Piloten. Nach kurzem Zögern setzte sich Larsen neben ihn und ließ den Piloten vorne allein. Der Motor kam auf Touren, und der Rumpf der Maschine begann zu vibrieren. Dann holperten sie über die Rollbahn, hoben ab und flogen der Sonne entgegen.

Allmählich gewöhnte sich Larsen an das Dröhnen des Motors. In weitem Bogen erstreckte sich unter ihnen die Tundra, ein juwelenbesetzter rotbrauner Teppich, der mit silbernen, goldenen und purpurfarbenen Fäden durchwirkt und mit dunkelgrünen Flecken besetzt war. Kleine, runde Tümpel glitzerten wie Diamanten, und hier und da zeigten sich riesige, sechseckige Frostmuster. Der kleine, tiefschwarze Schatten des Flugzeugs glitt stetig über die Erde wie ein Albatros, der sie ins Unbekannte begleitete.

Langsam begann das Land anzusteigen, und in den Tälern lag grau-weißer Schnee, der sich in silbernen Bächen verlief, die kurz in der Sonne aufblitzten. Umiak schien völlig in den Anblick der Landschaft vertieft und bewegte sich nur hin und wieder auf seinem Sitz, wenn irgend etwas seine Aufmerksamkeit erregte. Einmal tippte er Larsen aufs Knie und zeigte nach unten. »Karibus«, sagte er erregt. Larsen spähte angestrengt hinunter, sah aber nichts.

Je höher das Gelände wurde, desto höher mußte auch die Maschine hinauf. Die Schneefelder wurden größer und zahlreicher, und Larsen mußte seine Augen vor den grellen Lichtreflexen schützen. Rechts von ihm ragten die Berge auf wie eine Mauer. Allmählich hoben sich einzelne Gipfel heraus, sowohl im Süden als auch im Norden, deren Umrisse sich schwarz vor dem Himmel abzeichneten. Einige sahen aus wie Sägezähne eines Hais, andere wie bedrohliche Wolfsfänge. Der Flug wurde unruhiger, und Larsen spürte den Druck auf den Ohren, als sie noch weiter hinauf mußten. Von Zeit zu Zeit überquerten sie breite Täler, in denen sich die Flüsse durch ausgedehnte Kies- und Geröllbänke wälzten, die auf frühere Hochwasser hinwiesen. Im Norden war der Himmel blau, aber im Süden und Westen war er blasser, beinahe weiß, und die Bergspitzen lagen im Nebel. Plötzlich bemerkte Larsen, daß der Schatten des Flugzeuges fehlte. Die Sonne war weg.

Der Himmel wurde langsam, aber stetig dunkler. Die Berge schienen in den Himmel zu wachsen, so daß Larsen einen Augenblick glaubte, das Flugzeug verliere an Höhe. Und dann erfaßte sie der Sturm. Im Nu waren sie in wirbelnden Schneefall gehüllt, und die Flocken zerplatzten auf der Windschutzscheibe des Flugzeugs wie Leuchtkugeln. Umiak beugte sich vor und rief dem Piloten zu, er solle nach Norden fliegen, aus dem Gewitter heraus, aber der Pilot schüttelte den Kopf und zeigte grinsend nach oben. Der erste Blitz zerriß die Luft, und das Flugzeug zitterte, während der Donner das Brummen des Motors verschluckte.

Das Gewitter war nicht mehr als eine örtlich begrenzte atmosphärische Störung zwischen den wild aufragenden Bergspitzen. Ein Phänomen, wie es hier ständig auftreten konnte: Irgendwo in einem engen Tal erwärmte sich plötzlich die Luft; ein Luftdruckabfall, eine Bö, die aus einem namenlosen Abgrund herausfegte – alle möglichen Faktoren konnten ein solches Gewitter herbeiführen. Ein Gewitter, das schon nach kurzer Zeit wieder abklingen oder sich zu einem Ungeheuer auswachsen konnte, das stunden-, ja tagelang tobte.

Jetzt verstärkte das Prasseln von Hagelkörnern den Lärm, und als die Cessna höher stieg, wurde sie von orkanartigen Böen erfaßt und nach Süden getrieben. Der Hagelschauer verstärkte sich, und nasser Schnee flog ihnen wie die Gischt eines stürmischen Meeres entgegen. An der Vorderseite der Tragflächen bildete sich eine Eisschicht und drückte das Flugzeug nach unten. Dann brach das Eis in großen Brocken herunter, und die Cessna stieg wieder.

Mit verbissenem Gesicht hantierte der Pilot am Steuerknüppel und fluchte jedesmal laut, wenn die Maschine bockte. Umiak saß ganz still. Er hielt den Kopf gesenkt, und seine Gesichtszüge waren völlig ausdruckslos. Nur die geballten Fäuste verrieten seine Nervosität. Larsen sah sich unruhig um. Sie waren jetzt tief im Gebirge, und als die Wolken sekundenlang aufrissen, sah Larsen eine gewaltige schwarze Felswand neben sich aufragen. Instinktiv riß er den Arm hoch, um sich zu schützen. Dann wurde das Flugzeug nach oben geschleudert. Die Bergspitze rutschte am Fenster vorbei und blieb hinter ihnen zurück.

Plötzlich fiel ihm ein, daß er neulich etwas über Verhaltensmaßregeln bei Flugzeugabstürzen gelesen hatte. Er hatte das als typisches Beispiel bürokratischer Übertreibung abgetan, als überflüssige Sorge um etwas, was höchstwahrscheinlich niemals passierte. Als er sich jedoch näher erkundigte, hatte er erfahren, daß in Alaska im Durchschnitt jede Woche vier Flugzeuge abstürzten. Jetzt sah es ganz so aus, als sollte ihm genau das passieren. Eigenartigerweise hatte er überhaupt keine Angst. Er bedauerte nur, daß sein Leben so nutzlos enden sollte und so vieles unerledigt blieb. Wenn ich schon sterben muß, dachte er bitter, sollte es wenigstens einen Sinn haben.

Als ob sein stummes Gebet erhört worden wäre, begann der Sturm sich zu legen. Aus Hagel und Schnee wurde Regen, die Wolken hellten sich auf, und die Blitze blieben hinter ihnen zurück. Dann hörte auch der Regen auf, und sie flogen in dichten Nebel, der sie wie Watte umgab. Die drei Männer begannen sich zu entspannen. Tibbett wies mit der Linken zur Seite. »Ich schätze, wir sind ein bißchen vom Kurs abgekommen«, rief er.

»Ich werde sehen, daß wir da wieder rauskommen. Sehen Sie sich gut um!«

Nichts warnte sie vor der Gefahr, die im Nebel vor ihnen lag. Ganz sacht glitt die Cessna auf die Schulter eines schneebedeckten, namenlosen Berges am Nordrand der Brooks Range. Es begann wie eine gewöhnliche Landung, und einen Moment lang schien es, als könnte es dem Piloten gelingen, die Maschine zum Halten zu bringen. Dann streifte eine Flügelspitze die Flanke des Berges. Die Maschine schwenkte heftig herum und krachte in eine umgestürzte Felssäule, eine hochaufragende Faust aus Granit. Mit einem gellenden Kreischen versuchte der Propeller sich in den Felsen zu bohren. Das Armaturenbrett bog sich, und die Windschutzscheibe zerschellte.

Die letzte Handlung des Piloten im Angesicht des Todes bestand darin, den Motor abzustellen, um auf diese Weise die Brandgefahr zu verringern. Larsen erhaschte noch einen letzten flüchtigen Blick auf Tibbetts Gesicht, wie er mit weit aufgerissenen Augen und offenem Mund auf den Felsvorsprung starrte, der ihm den Schädel zermalmte. Dann spürte Larsen selbst, wie ihn eine unerbittliche Kraft nach vorn schleuderte, und im nächsten Augenblick war er bewußtlos.

Die Tür des Flugzeugs flog auf, und ein eisiger Wind fegte Hagelkörner und hartgefrorenen Schnee in die Kabine. Das Unwetter tobte wieder mit voller Wucht los.

Joe Umiak beugte sich nach vorn und zog die Tür wieder zu. Minutenlang blieb er still sitzen. Seine Augen waren hellwach, er lauschte gespannt, als wolle er Anzeichen neuer Gefahr erkennen. Es war, dachte er, wie in jenem Moment, wenn der große Wal endlich still lag, wenn die Gefahr und die Möglichkeit eines Fehlschlags vorüber waren und wenn er, trotz des aufgeregten Geschnatters der Mannschaft und des klatschenden Geräusches der Wellen, allein saß, umgeben von einer Mauer des Schweigens und der Ruhe, ehe sie damit begannen, die gewaltige Beute in mühseliger Arbeit zum Ufer zu schleppen.

Dann lachte er leise in sich hinein. Es war ein dunkles Lachen, das tief in seiner Kehle steckte und nichts mit dem nervösen Kichern gemein hatte, das ihn in der Gesellschaft weißer Männer oft überfiel. Dieses unbehagliche Kichern war ihm selbst peinlich, aber er konnte es nicht unterdrücken. Es war ein Überbleibsel aus seinen Schultagen, aus jener Zeit, als es ihm selbst unter Androhung von Schlägen nicht gelang, die Fröhlichkeit zu unterdrücken, die in seinem Innern blubberte. Die Fröhlichkeit war eine Gabe, die es seinem Volk ermöglicht hatte, das Leben zu genießen, selbst unter den schlimmsten Bedingungen, die die Welt zu bieten hatte. Es war eine Art Überlebensmechanismus, für den Generationen von strengen weißen Schullehrern jegliches Verständnis fehlte. Später hatte er begriffen, daß alle Weißen ihre Arbeit und selbst das Leben todernst nahmen, und er hatte versucht, es ihnen gleichzutun, allerdings nicht immer erfolgreich. Jetzt lachte er, doch nicht, weil seine Situation irgendwelchen Anlaß zur Heiterkeit bot, sondern aus schierer Freude darüber, daß er noch lebte.

Der Pilot war tot, daran konnte kein Zweifel bestehen. Blut rieselte ihm in den Kragen, und der metallische Geruch mischte sich mit den Kerosindämpfen und dem Ölgeruch des heißen Motors. Umiak warf einen Blick auf Larsen, der vornübergesunken in seinem Gurt hing. Er mußte beim Anprall mit dem Kopf aufgeschlagen sein, aber er lebte. Umiak hörte ihn atmen, röchelnd wie ein Betrunkener im Tiefschlaf. Er richtete den Amerikaner in seinem Sitz auf und runzelte die Stirn.

Ein verletzter Begleiter konnte in einer solchen Situation eine große Belastung sein, und erst recht, wenn er ein Weißer war; schon wenn sie gesund waren, konnten die Weißen keinerlei echte Strapazen und Kälte ertragen. Und dieser hier – Umiak hatte keine Möglichkeit festzustellen, wie schwer er verletzt war. Er würde abwarten müssen, aber einfacher war es zweifellos, wenn Larsen bald starb.

Umiak hatte eine Idee. Er kroch nach vorn und durchsuchte zunächst das Cockpit und dann, nachdem er dort nichts gefunden hatte, die Kleider des toten Piloten. Hier ertasteten seine

Finger fast sofort, was er suchte: den Kolben eines Revolvers, der im Hosenbund des Toten steckte. Es war eine klägliche Waffe, ein Achtunddreißiger von minderer Qualität, aber zumindest war sie geladen, und der Texaner hatte sie wohl auch saubergehalten und regelmäßig geölt. Umiak hoffte, daß es nicht nötig sein würde, sie zu gebrauchen, aber es beruhigte ihn, das Gewicht der Waffe in seiner Jackentasche zu spüren.

Er ließ sich in seinen Sitz zurücksinken, um auf das Ende des Gewitters zu warten. Immer noch rüttelte der Sturm am Rumpf der Maschine. Die Temperatur in der Kabine sank, und Umiak kuschelte sich in seine Jacke, um sich warmzuhalten. Larsen schien jetzt leichter zu atmen, und bald fiel Umiak in einen leichten Schlummer.

Mit einem tiefen Seufzer kehrte Larsen ins Bewußtsein zurück. Das Flugzeug zitterte unter den Sturmböen, und einen Moment lang glaubte er, sie seien noch in der Luft. Dann fiel ihm alles wieder ein, und er wußte, daß der Pilot nicht mehr am Leben sein konnte. Larsen warf einen Blick auf Umiak, der mit abgewandtem Gesicht auf seinem Sitz lag und ebenfalls aussah, als wäre er tot. Ein Gefühl ohnmächtiger Wut schüttelte Larsen. Gerade, als er sich darauf gefreut hatte, diesem öden und verlassenen Land zu entfliehen, streckte es seine Tatzen nach ihm aus und hielt ihn gefangen!

Dann verrauchte sein Zorn. Ein heftiger, pochender Schmerz pulste in seinem Schädel, und eine Welle der Übelkeit schlug über ihm zusammen; gleichzeitig wurde ihm seine übervolle Blase bewußt. Er sah aus dem Fenster auf eine weiße Nebelwand. Automatisch griff er nach der Tür auf seiner Kabinenseite. Der Wind riß ihm den Griff aus der Hand und schleuderte ihn beinahe ins Freie. Er würgte, erbrach und hantierte hektisch an seiner Kleidung. Der Wind warf ihn beinahe um. Was er für Nebel gehalten hatte, war in Wirklichkeit zu winzigen Partikelchen gefrorener Schnee, den ihm der Sturm mit solcher Gewalt entgegenpeitschte, daß er ihm die Haut aufriß. Schließlich bemühte er sich, nachdem er seine Blase erleichtert hatte, ins Flugzeug zurückzuklettern. Starke Hände zogen ihn hinauf.

Stöhnend ließ er sich in seinen Sitz zurücksinken. Umiak verriegelte die Tür und sah ihn ausdruckslos an.

»Wir sind in Schwierigkeiten«, sagte der Eskimo. Sein Tonfall war geradezu beiläufig, er sprach wie ein Mann, der vergessen hat, seinen Hausschlüssel mitzunehmen. »Sie müssen einen ziemlichen Schlag abgekriegt haben«, fuhr er fort. »Sie waren eine ganze Weile bewußtlos.«

Larsen wischte sich Augen und Lippen. Nachdem er sich erbrochen hatte und dem Sturm ausgesetzt gewesen war, zitterte er nun vor Kälte. Umiak erinnerte sich, eine Thermosflasche im Cockpit gesehen zu haben. Überraschenderweise hatte sie den Absturz heil überstanden. Umiak goß Larsen einen Becher heißen Kaffee ein, und der Amerikaner griff begierig danach.

Der Kaffee war pechschwarz und bitter, aber er half gegen das Zittern, und Larsen trank den Becher in einem Zug leer. »Wo sind wir eigentlich?« fragte er. »Wir hatten doch eine Karte, nicht wahr? Ich habe sie gesehen, ehe wir abflogen.«

Umiak zuckte die Achseln und zeigte auf die leere Seitentasche in der Tür des Flugzeugs. »Sie muß da drin gesteckt haben, aber die Tür ist aufgegangen, als wir abgestürzt sind. Der Wind hat sie mitgenommen.«

Larsen wurde von Panik erfaßt. »Wir müssen unbedingt danach suchen!«

»In diesem Wetter da draußen?« Umiak schüttelte den Kopf. »Die Karte ist vielleicht schon zwanzig Meilen weit weg und liegt zerfetzt in den Felsen.«

Larsen seufzte. Dann überwältigte ihn wieder der Ärger. »Aber Sie müssen doch wissen, wo wir sind! Sie leben doch hier!«

Umiak lächelte geduldig. »Hier oben lebt niemand. Außerdem, ich lebe mehr als hundert Meilen von hier entfernt an der Küste. Meine Leute sind vom Meer, nicht von den Bergen.«

Hilflos sah Larsen sich um. »Dann sitzen wir in der Falle. Wir müssen hier raus, wir müssen zurück in die Zivilisation.« Ihm kam ein Gedanke. »Die werden doch bestimmt nach uns suchen, nicht wahr? Sobald sie merken, daß wir überfällig sind, schicken sie doch einen Hubschrauber oder ein Flugzeug?«

Umiak seufzte. Es war haargenau, wie er befürchtet hatte. Auch dieser weiße Mann war ebenso ungeduldig wie alle anderen. Er wollte unbedingt etwas unternehmen, anstatt das einzig Richtige zu tun, nämlich zu warten, gar nichts zu tun und seine Kraft für den Augenblick aufzusparen, in dem sie wirklich gebraucht wurde. »Bevor sich das Gewitter nicht legt«, sagte er, »sucht uns bestimmt keiner, und wir können auch nichts unternehmen. Es ist besser, wir ruhen uns aus und versuchen zu schlafen, später sehen wir weiter.«

»Wie lange denn, um Gottes willen?« fragte Larsen.

»Vielleicht ein paar Stunden. Vielleicht auch einen Tag oder länger.« Persönlich war Umiak überzeugt, daß es eine Woche dauern konnte, aber er hielt es für besser, das nicht laut zu sagen.

Larsen fügte sich. Beim Flugzeug zu bleiben, war wirklich vernünftig. Die Maschine war aus der Luft viel leichter zu entdecken als zwei einzelne menschliche Gestalten. Außerdem konnten sie noch ein Feuer anzünden und Rauch machen. Die Polsterung der Sitze und die Elektrokabel waren dazu sehr gut geeignet. Das brennende Plastikmaterial würde eine dicke, schwarze Rauchwolke erzeugen. Larsen erinnerte sich an das Gespräch, das er am Morgen mit Tibbett geführt hatte. Hatte der Pilot nicht gesagt, Umiak genieße hohes Ansehen bei seinen Leuten? »Sie werden doch in Anaktuvuk erwartet, oder nicht?« fragte er. »Wird man Sie nicht vermissen?«

Umiak lächelte, aber seine Augen zeigten keine Freude. »Mich erwartet niemand. Ich habe mich nur deshalb zu diesem Trip entschlossen, weil im Flugzeug noch Platz war. Und was das Vermißtwerden angeht...« Er wollte schon lachen, besann sich aber noch rechtzeitig. »Natürlich werden mich viele vermissen. Die Jagdaufsichtsbehörde zum Beispiel, die Forstverwaltung und noch ein paar andere staatliche Stellen. Die werden schon irgendwann merken, daß ich nicht mehr da bin, aber ob sie mich wirklich vermissen.. Wahrscheinlich werden sie froh sein, wenn ich sie nicht länger heimsuche.«

»Und was ist mit Ihren eigenen Leuten?« fragte Larsen.

»Manchmal glaube ich, daß sie auch ganz froh wären, wenn sie einfach ihre Ruhe hätten und ich sie nicht dauernd antreiben und dazu zwingen würde, um ihre Rechte zu kämpfen.«

Trotz seiner Ungeduld hätte Larsen beinahe gelacht. Dieser Mann war genauso destruktiv und handlungsunfähig wie die Leute, über die er sich gerade beklagt hatte, aber er merkte es nicht einmal. Typische Steinzeit–Mentalität, dachte er, schalt sich aber sofort, denn die Pfeilspitze in seiner Tasche fiel ihm ein. In der Lebensphilosophie dessen, der sie angefertigt hatte, gab es für den Begriff der Niederlage gewiß keinen Platz. Umiak hatte doch offensichtlich eine gute Ausbildung genossen und war eine Art Politiker. Wo waren seine Energie und sein Einfallsreichtum geblieben?

Als ob er Larsens Gedanken erraten hätte, sagte Umiak: »Zu warten und gar nichts zu tun, ist in einer Notlage meistens das Schwerste.«

Plötzlich fiel Larsen das Tonband ein, das er Sylvie am Morgen geschickt hatte. Wenn er nicht wie angekündigt in Kürze zurückkam, würde seine Assistentin sehr bald zu telefonieren beginnen und Nachforschungen anstellen. Sie war die Richtige dafür. Sie würde die Dinge innerhalb weniger Tage in Gang bringen, und so lange würden sie ohne weiteres überleben. Die Vorstellung beruhigte Larsen, und seine Gedanken wandten sich anderem zu. »Was ist mit ihm?« fragte er.

Der Leichnam des Piloten war noch immer hinter dem Cockpit eingeklemmt. Er schien tiefer in seinen Sitz gesunken zu sein, wie ein Mann, der nur ein kleines Nickerchen macht. »Er ist tot«, sagte Umiak. »Der obere Teil seines Kopfes muß ihm in den Kragen gerutscht sein.«

»Ich meinte, was fangen wir mit ihm an?«

»Lassen wir ihn, wo er ist«, sagte Umiak. »Er hält uns die Zugluft vom Leib.«

Larsen warf Umiak einen scharfen Blick zu, aber der Bursche meinte es offenbar ernst, und was er sagte, war auch vollkommen richtig. »Außerdem«, fuhr Umiak fort, »dient uns sein Gewicht als Ballast. Wenn wir ihn hinausbefördern, kippt uns womöglich der Wind die Maschine um.«

Daran hatte Larsen nicht gedacht. Sie wußten ja nicht, ob sie nicht unmittelbar neben einem steilen Abgrund oder einer lotrechten Felswand gelandet waren. Solange sie ihre Umgebung nicht genauer geprüft hatten, war das nicht auszuschließen. Ganz ruhig, sagte er sich. Ruhe bewahren und abwarten, genau wie der Mann sagt.

Sein Schädel schmerzte. Umiak hatte schon wieder die Augen geschlossen und sich in seiner Lieblingsstellung zusammengerollt. Larsen versuchte, seinem Beispiel zu folgen, aber er fand keine Ruhe. Plötzlich fielen ihm die beiden Kartons ein, die im Gepäckraum hinter ihm lagen. Was in denen wohl drin war?

Der eine fühlte sich leicht an, der andere war etwas schwerer. Larsen riß den leichten zuerst auf und hoffte, keine Zigaretten zu finden. Er hatte vor einigen Jahren das Rauchen aufgegeben; die Qual der Entwöhnung war in seinem Gedächtnis eingegraben. Er hatte nicht den Wunsch, noch einmal von vorne zu beginnen. Aber es waren keine Zigaretten, es war geröstetes Popcorn, zahllose Tüten davon. Wunderbar für den Baseballplatz, aber er konnte sich jetzt schon vorstellen, wie bald er das Popcorn satthaben würde, wenn es nichts anderes zu essen gab. Den zweiten Karton öffnete er schon weit weniger optimistisch.

»Gefrierbeutel!« brach es aus ihm heraus. »Was um Himmels willen fängt ein Eskimo mit tausend Gefrierbeuteln an?«

Umiak öffnete ein Auge, sein Gesicht war schmerzlich verzogen. »Wir haben festgestellt, daß die Schlittenhunde unsere Hacksteaks fressen, wenn wir sie lose im Schnee herumliegen lassen«, sagte er trocken.

Ich habe wohl keine andere Antwort verdient, dachte Larsen. Umiak hatte seine Augen wieder geschlossen. Ohne sie zu öffnen, sagte er leise: »Das Wort *Eskimo* ist eine Beleidigung für mein Volk. Diesen Namen haben uns gewisse ungehobelte Waldindianer gegeben. Er bedeutet: ›Leute, die rohes Fleisch essen‹ und ist ebenso unzutreffend wie unverschämt, und das sollte er auch sein. In Wirklichkeit sind wir *Inuit*, das heißt ›Menschen‹.«

Larsen erinnerte sich sofort wieder an Umiaks Ausbruch am Morgen, als es um die Verschwendung der Entschädigungssummen ging. Der Bursche ist ganz schön empfindlich, dachte Larsen. Aber ich sitze hier mit ihm fest, also ist es besser, wenn ich mich mit ihm arrangiere. Laut sagte er: »Ich wollte Sie nicht beleidigen. Ich bin auch ein Mensch.«

»Ich bin auch nicht beleidigt«, sagte Umiak. »Ich dachte nur, es interessiert Sie vielleicht.«

Es herrschte Stille in der Maschine. Allmählich verblaßte draußen das Licht, doch der Wind gab keine Ruhe. Larsen wikkelte sich fester in seine Jacke, verschränkte die Arme und schloß die Augen. Einen kurzen Moment lang spürte er noch, wie die Maschine im Wind schaukelte, dann schlief er ein.

3

Feuer! Larsen erwachte in Panik. Es war schrecklich kalt, und er fror. Er konnte sich nicht erinnern, schon je so gefroren zu haben. Seine Finger und Zehen waren gefühllos, seine Gelenke steif. Sie brauchten unbedingt ein Feuer! Als Nichtraucher hatte er allerdings weder ein Feuerzeug noch Streichhölzer bei sich. Er hatte auch Umiak nie mit irgenwelchen Tabakwaren gesehen, und plötzlich überfiel ihn die Angst, sie könnten nichts zum Feueranmachen dabeihaben. Dann fiel ihm ein, daß Tibbett Zigarren geraucht hatte, er mußte also Streichhölzer einstecken haben.

Draußen war es noch dunkel, und Larsen konnte die zusammengekrümmte Gestalt Umiaks neben sich kaum erkennen. Es dauerte eine Weile, bis ihm auffiel, daß die Maschine nicht mehr schaukelte und vibrierte. Der Wind hatte nachgelassen.

Er streckte seine zusammengekrümmten Finger gewaltsam und rieb dann ein Stück der Fensterscheibe frei, die sich innen mit Reif bedeckt hatte. Ein unbestimmtes Weiß war draußen zu sehen, das entweder Schnee oder Nebel sein konnte. Als er sein Gesicht an die überfrorene Scheibe preßte und nach oben spähte, sah er ein Fleckchen nachtblauen Himmel, das übersät war mit Sternen. Er versuchte vergeblich, das Zifferblatt seiner Uhr abzulesen, und begann dann systematisch, seine Arme und Beine zu massieren, um den Blutkreislauf neu zu beleben. Allmählich fing er an, sich besser zu fühlen. Aber er war hungrig und durstig. Ihm fiel ein, daß in der Thermoskanne noch Kaffee war, doch er wußte, den mußte er mit Umiak teilen. Er dachte daran, den Mann aufzuwecken, überlegte dann aber, daß das nicht nur unfreundlich, sondern vielleicht auch unklug war.

So vertrieb er sich die Zeit damit, seine Muskeln zu beugen und zu strecken und seine Gelenke wieder beweglich zu machen, und langsam wurde ·ihm etwas wärmer. Was für ein Glück, dachte er, daß die Maschine bei der Bruchlandung nicht Feuer gefangen hatte, zumal da noch soviel Benzin in den Tanks war. Im Dschungel, wo es die allgegenwärtige Feuchtigkeit unmöglich gemacht hatte, irgendwelches andere Brennmaterial zu entzünden, hatten sie sich aus Konservenbüchsen, die mit benzingetränktem Sand gefüllt waren, kleine Herde gebastelt. Beim Anzünden mußte man vorsichtig sein, sonst versengte man sich die Augenbrauen, aber wenn sie einmal in Gang gesetzt waren, brannten diese kleinen Öfen eine Zeitlang recht gut.

Dann bemerkte Larsen, daß sich das Innere der Maschine mit blassem, grauem Licht füllte. Die Dämmerung brach an. Seine Freude war so groß, daß er zu seiner Überraschung einen Kloß in der Kehle verspürte und ihm Tränen in die Augen stiegen. Ärgerlich über seine eigene Schwäche rieb er sich das Gesicht. Er spürte seine Bartstoppeln und sehnte sich nach dem Luxus von warmem Wasser und einer Rasur. Immerhin, zumindest gab's eine Art von Frühstück. Er griff nach hinten und holte sich eine Tüte mit Popcorn.

»Haben Sie schon mal Robbenöl probiert, Mr. Larsen?«
Larsen fuhr hoch, dann entspannte er sich und grinste. Umiak sah ihn aus dunklen Augen aufmerksam an. »Nein«, sagte Larsen. »Wie schmeckt es denn?«
»Mögen Sie Gin und Martini?«
Larsen stöhnte. »Ich hab' eine Schwäche dafür!«
»Wie steht's mit rohem Fisch?«
Visionen von Hering aus dem Lake Superior, mariniert in weißem Weinessig, mit knackigen Zwiebelringen garniert, und dazu einem Glas Gin und Martini, in dem die Eiswürfel klirrten, erfüllten seine Sinne.

Er konnte beinahe spüren, wie der Drink in seiner Kehle brannte, und das Wasser lief ihm bei dem Gedanken im Mund zusammen.

»Versuchen Sie es doch mal.« Umiak hantierte im Gepäckraum herum. Er nahm einen der Gefrierbeutel, füllte ihn mit einer Tüte Popcorn und goß eine Flüssigkeit darüber, die er dem großen Kanister entnahm, den er am Morgen mitgebracht hatte. »Das hier ist eine echte Spezialität«, sagte er. »Eigentlich sollte es ein Geschenk für einen Freund in Anaktuvuk sein, aber wir brauchen es nötiger als er. Es wird aus dem Tran der Bartrobben, der *Oogruks*, gemacht. Der schmeckt am besten. Es wird mit *Quogak*, einer Art Sauerampfer, gewürzt.« Umiak schüttelte den Beutel, bis das Popcorn buchstäblich getränkt mit dem Robbenöl war. »Hier, versuchen Sie mal«, sagte er. »Aber seien Sie vorsichtig. Das Zeug ist stark.«

So war es. Als Larsen aufgehört hatte zu husten, bemerkte er, daß Umiak ihn gespannt beobachtete und auf seine Zustimmung wartete. Tatsächlich fand er das Robbenöl gar nicht so übel. Es war scharf und sauer und schmeckte ein bißchen nach Fisch. Das Unangenehmste war eigentlich der tranige Nachgeschmack. Nach überraschend kurzer Zeit war er satt und überließ Umiak den Rest des Popcorns, der sich in dem Beutel befand.

»Jetzt müssen wir etwas trinken«, sagte Umiak.

Der Kaffee war schon fast kalt, und es gab auch nur noch eine halbe Tasse für jeden, aber es gelang Larsen, den Trangeschmack damit von seiner Zunge zu spülen.

»Wenn wir mehr Öl hätten«, grübelte Umiak, »könnte ich uns eine Lampe machen.«

Larsen erzählte ihm von den Benzinöfchen, an die er gedacht hatte, und Umiak hörte ihm aufmerksam zu. Seine Augen funkelten vor Interesse. »Dazu brauchen wir eine Büchse oder dergleichen«, sagte er schließlich.

Larsen zeigte auf den Kanister mit Robbenöl, und Umiak nickte. »Ich kann das Öl in einen der Gefrierbeutel umfüllen«, sagte er. »Da ist es genauso sicher, und wir können diesen Kanister als Ofen benutzen.« Er stand auf. »Aber zunächst müssen wir noch ein paar andere Dinge erledigen.« Er stieß die Tür auf und kletterte aus dem Flugzeug.

Nach kurzem Zögern folgte ihm Larsen. Draußen war es jetzt vollkommen hell, und er sah mit einem Blick, daß sie sich in einem engen Tal befanden. Die Berge ringsum waren so hoch, daß sie die Köpfe ins Genick legen mußten, um die Gipfel zu sehen. Das Flugzeugwrack lag, halb vergraben im Schnee, im Schatten des Abhangs.

Auf der anderen Seite des Tals waren die Abhänge in helles Morgenlicht getaucht und leuchteten rotgolden in der Sonne. Dort hatte der Wind fast allen Schnee weggeweht. Auf der Talsohle glitzerte zwischen grellweißen Sandbänken ein kleiner Bach. Umiak hob den Schraubverschluß der Thermosflasche hoch, den er als Becher benutzt hatte. »Kommen Sie«, sagte er und machte sich auf den Weg nach unten. »Wir müssen unbedingt noch mehr trinken.«

»Warum eigentlich?« fragte Larsen, als ihm Umiak einen zweiten Becher eiskaltes Wasser aufdrängte.

»Wenn es kalt ist, muß man viel trinken, weil man nicht

schwitzt«, sagte Umiak. »Und wenn man nicht schwitzt, belastet man seine Nieren besonders. Man kann sich leicht vergiften auf diese Weise.«

»Es wäre besser, wenn das Wasser ein bißchen wärmer wäre«, brummelte Larsen, trank aber trotzdem gehorsam. Umiak hatte den Bach überquert und war den jenseitigen Hang ein Stück hochgeklettert. Innerhalb kürzester Zeit kam er zurück.

»Früchte der Arktis«, sagte er und streckte eine Hand voller Blaubeeren aus.

Larsen betrachtete sie skeptisch. Sein traniges Frühstück und das eiskalte Wasser, das er getrunken hatte, lagen ihm schwer im Magen. »Die werden uns auch nicht sehr satt machen«, knurrte er.

»Wenn man genug davon ißt, wird man auch satt«, erwiderte Umiak. »Meine Leute sammeln jedes Jahr ein paar hundert Pfund und heben sie auf für den Winter. Sie enthalten viele Vitamine und Mineralstoffe, und der Fruchtzucker gibt einem so viel Energie, daß man die Kälte aushalten kann.«

Larsens Erfahrung im Beerenpflücken beschränkte sich auf gelegentliche Ausflüge während seiner Kindheit. Und da hatte ein Eimerchen voll als Ernte genügt. Er versuchte sich hundert Pfund Beeren vorzustellen, aber es wollte ihm nicht recht gelingen. »Ich glaube trotzdem nicht, daß wir sehr fett davon werden.«

»Bären schaffen das aber auch«, sagte Umiak, und dann stand er plötzlich ganz still. Larsen sah ein ängstliches Flackern in seinen Augen. »Bären schaffen es«, wiederholte Umiak leise und starrte das Tal hinauf in die Berge.

Da ergriff auch Larsen die Furcht. Sie befanden sich, das wußte er, im Land der Bären. Der Grizzly, das vielleicht gefährlichste Raubtier beider Amerikas, hatte hier seine letzte Hochburg, und sie waren unbewaffnet und allein. »Halten Sie es für möglich ... daß es hier Bären gibt?« fragte er.

Umiak zögerte. Dann zuckte er die Achseln. »Sehr wahrscheinlich ist es nicht. Wir sind zu weit oben in den Bergen. Außerdem werden sich die Bären sowieso bald zum Winterschlaf zurückziehen.«

Der Gedanke an den Winter löste neue Befürchtungen bei Larsen aus, aber er bemühte sich eilig, das Thema zu wechseln. »Ich habe nachgedacht«, sagte er. »So, wie das Flugzeug jetzt liegt, bleibt es den ganzen Tag im Schatten. Wenn wir es hier runterkriegen könnten, wäre es drinnen wärmer. Und außerdem würde man es aus der Luft besser sehen.«

Umiak nickte. »Als erstes müssen wir uns aber um den Piloten kümmern.«

Zu zweit gelang es ihnen, die Leiche aus dem Flugzeug zu ziehen. Tibbett lag jetzt auf dem Rücken im Schnee, aber die Leichenstarre verhinderte, daß sich seine Arme und Beine entspannten. Sie ragten starr in die Luft. Umiak durchsuchte die Taschen des Toten. Das Feuerzeug fand er auf Anhieb. Triumphierend hielt er es hoch. Larsen spürte eine Welle der Erleichterung. »Sie haben also auch schon daran gedacht?« fragte er.

Umiak nickte und setzte seine Suche fort, fand aber nicht mehr viel, was ihnen genutzt hätte. Eine Brieftasche, ein bißchen Kleingeld, ein Zigarrenetui und Schlüssel. Umiak wickelte diese persönlichen Habseligkeiten in Tibbetts Taschentuch und legte das Bündel behutsam beiseite. Dann machte er sich daran, dem Toten die Kleider auszuziehen. Ohne nachzudenken, streckte Larsen die Hand aus, um ihn daran zu hindern.

Umiak fuhr herum, als sei er tätlich angegriffen worden, sein Gesicht war blaß vor Zorn. Er duckte sich in den Schnee, zum Sprung bereit. Dann entspannte er sich plötzlich. »Unser Freund hier dürfte die Kälte wohl jetzt nicht mehr spüren«, sagte er ruhig. »Wir brauchen seine Kleider dringender als er.«

»Die sind doch sowieso zu klein für uns«, murrte Larsen. »Er war doch bloß ein Fliegengewicht.«

Umiak seufzte. »Ziehen Sie ihm die Hose aus«, sagte er geduldig. »Wenn wir sie im Schritt auftrennen, haben wir ein Paar Beinwärmer. Aus den Ärmeln seiner Jacke und aus dem Hemd können wir Handschuhe, Knöchelwärmer und so etwas machen.

Sie haben doch letzte Nacht schon gefroren, oder? Sie werden bald noch viel mehr frieren. Wir brauchen soviel Kleidung, wie wir nur kriegen können.«

In nacktem Zustand wirkte die Leiche kaum noch menschlich. Sie packten sie an den Füßen und schleiften sie über den Schnee zu einem Geröllfeld. Zwischen drei großen Felsen fanden sie eine natürliche Nische. Sie legten den Toten hinein und bedeckten ihn systematisch mit Felsbrocken.

Sie arbeiteten schweigend, in großer Eile, jeder mit seinen eigenen Gedanken beschäftigt. Umiak dachte über den *Wendigo* nach. Unten im Süden, wo dichter Wald das Land bedeckte, glaubten die Eingeborenen, daß es einen bösen Geist im Wald gebe, der jeden in den Wahnsinn treibe und zum Kannibalen mache, der zu lange draußen allein blieb. In Wirklichkeit war es so, daß der Wald alles Leben erstickte. Die Bäume ließen kein Licht herein, daher gab es keine Äsung für das Wild, und eine Jagdgesellschaft, die sich in den Wäldern verirrte, konnte leicht verhungern. Die Gedanken hungernder Menschen konnten sich dem Kannibalismus als einer Möglichkeit des Überlebens zuwenden. Und nachdem dies ein Verbrechen gegen die Menschlichkeit war, sprachen sich die Menschen durch ihren Glauben an den *Wendigo* von ihrer Schuld los. Kein von einem bösen Geist Besessener konnte für seine Taten verantwortlich gemacht werden. Wie lange, überlegte Umiak, würde es wohl dauern, bis der *Wendigo* von einem von ihnen Besitz ergriffe, wenn sie länger in diesem Tal bleiben mußten?

Auch Larsen mußte darüber nachdenken, daß die Leiche des toten Piloten einen beträchtlichen Fleischvorrat darstellte. Es wäre nicht das erste Mal, daß sich Überlebende einer Katastrophe durch Kannibalismus am Leben erhielten. Die schreckliche Geschichte der Donner-Familie, die in den Rocky Mountains abgestürzt war, kannte jeder, und auch die Geschichte von Bill Williams, dem Bergmenschen, der sechs Wochen in einem Blizzard überlebt hatte, indem er das Fleisch seiner Begleiterin, einer Indianerin, aß. Dann war da der Fall Packer, der mit anderen zusammen fünf seiner Kameraden aufgegessen hatte. Es gab noch mehr derartige Fälle, die sich in jüngster Zeit nach Flugzeugabstürzen in der Wildnis ereignet hatten.

Der Tod war Larsen durchaus vertraut, und er hatte schon weitaus Schlimmeres gesehen. In den Tropen hätte die Verwesung schon eingesetzt, aber hier oben im Norden konnte eine Leiche wochenlang frisch bleiben. Larsen wußte aber, daß der unerbittliche Verwesungsprozeß bereits begonnen hatte, wenn hier auch keine Fliegen kamen, um ihre Eier in den zerschmetterten Schädel und in die übrigen Körperöffnungen zu legen. Vielleicht dachte er, sollten sie so etwas wie eine Begräbniszeremonie veranstalten, und sei es auch nur, um sich damit irgendwie daran zu hindern, daß sie die Leiche später wieder ausgruben. Mehr praktisch gedacht, wäre es vielleicht ratsam, die Eingeweide aus der Leiche zu nehmen im Hinblick auf die Haltbarmachung des Fleisches.

Seine Gedanken flogen zurück in seine Kindheit, als er zum erstenmal bei der Schlachtung eines Rehs zugesehen hatte. Man hatte das Tier mit den Hinterläufen an einen Ast gehängt. Er hatte gehört, wie das Messer mit scharfem Pfeifen die Luft durchschnitt, ehe es den Bauch des Tieres aufschlitzte, und mit ungläubigem Staunen zugesehen, wie die Eingeweide herausquollen. Schlinge um Schlinge, in scheinbar nicht endenwollenden Massen. In glänzenden Haufen lagen sie schließlich im blutdurchtränkten Schnee.

Plötzlich revoltierte Larsens Magen. Der Gedanke an Menschenfleisch war wohl doch zuviel für ihn gewesen. Er mußte sich abwenden und erbrach sich.

Umiak arbeitete schweigend weiter. Er nahm nur die größten und schwersten Felsbrocken, denn er wußte, daß der Geruch des Todes, auch wenn er für den Menschen jetzt noch nicht wahrnehmbar war, die Aufmerksamkeit jedes Raubtiers auf sich gezogen haben mußte, das in diesem Tal jagte. Über den offensichtlichen Ekel des weißen Mannes beim Anblick der Leiche war Umiak keineswegs unglücklich. Wenn man sich einmal an den

Gedanken des Kannibalismus gewöhnt hat, dachte er, ist es nur noch ein kleiner Schritt vom Verzehren der Leichen zum begierigen Betrachten des lebenden Kameraden.

Am Nachmittag saß Larsen auf einem Felsen in der Sonne und ruhte sich aus. Der Bach war im Lauf des Tages etwas angeschwollen, weil die Sonne den Schnee auf den Hängen zum Schmelzen gebracht hatte, aber er war immer noch nicht mehr als ein kümmerliches Rinnsal zwischen den Steinen. Nur dadurch, daß er einen kleinen Damm errichtet und den Sand und Kies dahinter weggebaggert hatte, war es Larsen gelungen, ein Becken zu schaffen, in dem er sich waschen konnte.

Im Lauf des Vormittags hatten sie das Flugzeug aus dem Schatten geschoben und den Abhang hinuntermanövriert. Jetzt stand die Cessna auf einer kleinen Erhebung neben dem Bach. Die rechte Tragfläche war beim Zusammenprall mit der Flanke des Berges geknickt worden. Im Verlauf der Nacht hatten der Sturm und das Gewicht des Treibschnees das Zerstörungswerk vollendet, und jetzt lag der abgebrochene Flügel auf halber Höhe des Hanges. Sie hatten das Flugzeug mit ein paar großen Felsbrocken verankert, die sie rings um das Fahrwerk und vor dem Höhenruder aufgetürmt hatten. Das Loch in der Windschutzscheibe hatten sie mit Gefrierbeuteln notdürftig geflickt und dabei den größten Teil des Klebestreifens verbraucht, der zu den Beuteln gehörte. Eine starke Bö würde diese Konstruktion nicht aushalten, aber es war besser als nichts. Als sie fertig waren, hatte Larsen in der Sonne heftig geschwitzt, aber sobald er in den Schatten des Hügels trat, wehte ihn die Luft an wie aus einem Grab. Jetzt, wo Umiak auf der anderen Seite des Baches Beeren sammelte, nahm sich Larsen die Zeit, in dem eiskalten Wasser zu baden, teils um sich zu erfrischen und teils um das Gefühl loszuwerden, daß er vom Tod berührt worden sei. Als Umiak zurückkehrte, hatte Larsen sich bereits wieder angezogen und band sich gerade die Schuhriemen zu.

Die Beeren waren dick und prall voll Saft, aber Umiak war

beim Sammeln nicht gerade wählerisch gewesen. Die Früchte waren reichlich mit Blättern, Zweigen und kleinen Insekten vermischt. Umiak verteilte die Ernte auf zwei getrennte Häufchen und begann zu essen. Grinsend beobachtete er, daß Larsen den Unrat auszusortieren versuchte. »Essen Sie nur!« sagte er. »Blätter, Käfer, Beeren. Das ist alles Nahrung.«

Larsen gehorchte und stellte zu seiner Erleichterung fest, daß die süßen Beeren mit ihrem starken Aroma jeden anderen Geschmack überdeckten. »Schade, daß der Bach nicht ein bißchen größer ist«, sagte er beiläufig. »Dann hätte ich mal meine Angel auswerfen können.«

Umiak hörte auf zu kauen. Einen Augenblick sah er Larsen scharf an und fragte sich, ob dies ein Beispiel amerikanischen Humors war. Larsen kaute weiter, seine blauen Augen blickten unschuldig, in seinen Gesichtszügen war keine Spur von Falschheit zu erkennen. »Sie haben Angelzeug dabei?« fragte Umiak ruhig.

Larsen nickte. »Ich habe immer ein paar Angelsachen dabei, nur für den Fall, daß sich eine Gelegenheit bietet. Viel ist es nicht. Eine kleine ausziehbare Rute, die gerade in die Reisetasche paßt, und ein paar Fliegen, Köder und Haken. Hier oben kann man allerdings nicht sehr viel damit anfangen.«

Umiak schob die letzten Beeren in den Mund. »Darf ich die Sachen mal sehen?« fragte er.

Larsen ging zum Flugzeug und kehrte mit seiner Angelrute, einer Rolle mit Nylonschnur und zwei Tabakbüchsen mit verschiedenen Ködern, künstlichen Fliegen, Bleigewichten, Haken und Blinkern zurück. Umiak ignorierte die Rute, prüfte aber die Stärke der Nylonschnur und suchte ein halbes Dutzend kleine Haken aus. »Darf ich die nehmen?« fragte er.

»Sicher«, sagte Larsen neugierig.

Umiak spulte ein paar Meter Nylonschnur ab und biß etwa sechzig Zentimeter lange Stücke davon ab, die er mit je einem Haken versah. Dann schien ihm noch etwas einzufallen, und er biß noch ein paar längere Stücke Nylonschnur ab. Dann überquerte er mit seiner Ausrüstung den Bach und ging zu der Stelle, wo er die Beeren gepflückt hatte. Larsen folgte ihm.

Die Beeren hingen immer noch in dichten Trauben an den niedrigen, windzerzausten Büschen. Sorgfältig wählte Umiak einige der schönsten Früchte aus und steckte sie auf die Haken. Die dazugehörigen Stücke Schnur befestigte er an kräftigen Zweigen. Nachdem er alle Haken ausgelegt hatte, knotete er die längeren Nylonschnüre zu Schlingen zusammen. Die losen Enden befestigte er an den gekrümmten Wurzeln der Büsche, während er die Schlingen selbst im dünnen Schnee versteckte, der auf dem Moos unter den Heidelbeerbüschen lag.

Larsen beobachtete ihn stumm. Als er fertig war, zeigte Umiak auf den Boden, und Larsen entdeckte ein kleines Kothäufchen, das er bisher nicht bemerkt hatte. Er hätte nicht zu sagen gewußt, ob es von einem Vogel oder von einem Säugetier stammte. Es war zusammengeringelt wie ein Wurm und zu einer ordentlichen kleinen Pyramide geformt. Nicht weit entfernt entdeckte er noch eins, und als sich seine Augen daran gewöhnt hatten, sie zu sehen, stellte er fest, daß der Boden unter den Büschen voll davon war.

»Schneehühner«, erklärte Umiak. »Sie müssen regelmäßig hierherkommen, um die Beeren zu fressen. Vielleicht erwischen wir eins oder zwei.« Er unterbrach sich, um die Schlingen noch einmal ein wenig anders anzuordnen. »Der Trick besteht darin, daß die Schlingen gerade ein bißchen größer als die Läufe der Vögel sein müssen. Wenn sie zu klein sind, treten sie erst gar nicht hinein, und wenn sie zu groß sind, ziehen sich die Schlingen nicht um die Läufe zusammen.«

»Wann werden sie kommen?« fragte Larsen.

»Heute nacht, vielleicht auch erst morgen, wer weiß?« sagte Umiak. »Aber solange noch Beeren da sind, werden sie irgendwann kommen.«

Sie gingen zum Flugzeug zurück. Unterwegs fragte Umiak: »Haben Sie noch mehr Überraschungen in Ihrer Tasche, Mr. Larsen?«

Larsen überlegte. Das Messer! Es war so ein Taschenmesser, wie kleine Jungen es lieben, eigentlich nur ein Spielzeug, ein Messer mit zahllosen kleinen Klingen und Werkzeugen, insgesamt ziemlich unbrauchbar, aber außerordentlich raffiniert. Seine Mutter hatte es ihm geschenkt, als er zu den US-Marines ging, und obwohl er damit nie viel anderes gemacht hatte, als vielleicht einen Apfel zu schälen, hatte er es nach ihrem Tod doch stets als Erinnerungsstück bei sich behalten. Es war ihm ein klein bißchen peinlich, als er es jetzt aus der Tasche zog, um es Umiak vorzuführen.

Er hatte erwartet, daß ihn Umiak auslachen würde. Statt dessen sah Umiak das Messer aufmerksam an und begann eine sorgfältige und langwierige Prüfung der einzelnen Klingen und Werkzeuge, die er mehrfach auf- und zuklappte. Er kam Larsen wie ein kleiner Junge mit einem Geschenk vor. Dann erinnerte sich Larsen wieder an die winzige Pfeilspitze, die er gefunden hatte. Umiak entstammte ganz offensichtlich einem Volk, das besessen war von der Idee der Verkleinerung aller Waffen und Werkzeuge.

Ganz plötzlich erfaßte ihn eine unerklärliche Angst, daß Umiak das Messer behalten wollte. Er streckte die Hand danach aus, zog sie aber gleich verwirrt wieder zurück.

Umiak bemerkte die Geste und gab ihm das Messer beinahe widerstrebend. »Ein Anthropologe hat einmal zu mir gesagt, er halte mein Volk für ›unnötig mit Fähigkeiten belastet‹. Vielleicht liegt ein Körnchen Wahrheit in dem, was er sagte, aber schließlich sind wir auch nicht dumm. Jahrhundertelang haben wir uns darum bemüht, unsere Techniken zu verbessern, nach ausgeklügelten Möglichkeiten zu suchen, um das Wild zu jagen, von dem unser Leben abhängt. Was liegt einem Jäger also während der langen dunklen Wintertage, wenn es unmöglich ist zu jagen, näher, als die Stunden des Müßiggangs damit zu verbringen, wirksamere Waffen zu erfinden? Wenn ich etwas wie dieses Messer sehe, frage ich mich, was mein Volk erfunden haben könnte, hätte es das dazu nötige Rohmaterial gehabt. Vielleicht keine

Schweizeruhr. Für so etwas hätten wir ja auch keine Verwendung. Aber ein Messer wie dieses...?«

Er ließ die Frage in der Luft hängen, im Bewußtsein, allzu prahlerisch geklungen zu haben. Statt dessen lächelte er und hob wie entschuldigend die Schultern.

»A propos Schweizeruhren«, sagte Larsen. »Ihr Volk scheint außerdem eine Leidenschaft für Miniaturarbeiten gehabt zu haben.« Einen Augenblick zögerte er und griff nach der Pfeilspitze in seiner Tasche. Er wußte, ihr Besitz war illegal. Darüber hinaus war er nicht sicher, wie Umiak darauf reagieren würde, daß er eine archäologische Fundstätte geplündert hatte, wenn auch nur in winzigem Ausmaß. Unter den gegebenen Umständen schien es ihm jedoch von geringer Bedeutung. Er zog die Pfeilspitze hervor und reichte sie Umiak.

Umiak warf ihm einen verschmitzten Blick zu, und Larsen erriet, was er dachte. »Mein Volk fand eine Menge davon«, bemerkte er und prüfte die Pfeilspitze mit dem Daumen. »Wir wußten davon, längst ehe die Archäologen der Universitäten von Kalifornien und Alaska herkamen und danach gruben. Es entstand die Legende, und sie hält sich noch immer, daß unsere Vorfahren sehr kleine Menschen waren. Es gab jedoch viele Gründe, um mit kleinen Gegenständen zu arbeiten, ohne selbst klein zu sein. Einer davon war die Materialknappheit. Wir hatten nur das Holz, das vom Meer angespült wurde. Holz war für uns genauso wertvoll wie Gold für Sie. Die Bogen wurden aus Holz oder aus Walknochen gemacht. Kleine Bogen schossen kleine Pfeile ab, und kleine Pfeilspitzen durchbohrten dicke Häute besser als große und schwere. Es ging leichter und schneller, ein Loch in ein kleines Stück Knochen oder Stein zu bohren als in ein großes. Kleine Waffen waren für Nomaden, die ständig auf der Suche nach Nahrung umherzogen, leichter zu tragen. Kleine Lampen verbrauchten weniger Öl. Kleine Behausungen waren leichter warmzuhalten, und so weiter.«

Er gab Larsen die Pfeilspitze zurück. »Passen Sie gut darauf auf, Mr. Larsen. Sie wurde mit Sorgfalt gemacht. Und passen Sie auf Ihr wunderbares Messer auf, wir können es vielleicht noch sehr gut brauchen.«

Tatsächlich konnten sie das Messer bereits in der nächsten Minute gut brauchen, als sie den Robbenölkanister zu einem Kerosinofen umbauten. Als Füllung nahmen sie Sand vom Ufer des Baches. Die äußere Gestalt des Ofens bestimmten sie gemeinsam. Dabei ließen sie eine Seitenwand des Kanisters vollständig stehen. Sie hofften, dieses Stück Blech einerseits als Windschutz, andererseits aber auch als Kochplatte benutzen zu können, wenn sie es umbogen. Das Benzin aus dem Tank des Flugzeugs abzusaugen, erwies sich als schwierig, aber am Schluß hatten sie doch ungefähr zwei Liter in einen der Plastiksäcke gefüllt. Das Feuer brannte gut, aber zu Larsens Ärger rußte die Flamme gewaltig.

»Das sind die Rückstände vom Robbenöl«, sagte Umiak. »Es rußt immer. Die Flamme wird aber bald sauber brennen. Etwas Heißes zu trinken wäre jetzt angenehm«, fügte er hinzu.

Larsen, der sich alle Mühe gegeben hatte, nicht an kochendheißen Kaffee zu denken, fühlte eine Welle von Zorn in sich hochsteigen. »Was darf ich Ihnen anbieten?« fragte er sarkastisch.

»Wasser«, sagte Umiak. »Sonst haben wir nichts.«

»Und wir haben auch nichts, worin wir Wasser warm machen könnten«, sagte Larsen frustriert.

Umiak schwieg. Nach einiger Zeit stand er auf und suchte zwischen den Steinen am Ufer herum. Larsen blieb allein am Feuer zurück und lauschte angestrengt auf das Motorengeräusch eines Flugzeugs; er begann sich bereits vor dem Gedanken an eine weitere Nacht voller Unbequemlichkeit und Kälte zu fürchten. Doch nichts, absolut nichts war zu hören. Die einzigen Geräusche kamen von Umiak, der mit den Bachkieseln klapperte. Im ganzen Tal schien es kein Leben zu geben, und über den Felsspitzen flog nicht einmal ein Rabe.

Larsens Betrachtungen wurden durch Umiak unterbrochen, der mit einer Handvoll flacher Steine zurückkehrte, die er auf ihrem Kerosinherd aufstapelte. Dann hockte er sich auf die Fersen und beobachtete, wie die Flamme zwischen den Steinen hochzüngelte. In der Nähe hatte er aus Felsen und Moos eine Art Nest gebaut, in das er einen halb mit Wasser gefüllten Plastiksack bettete. Als ihm die Kiesel heiß genug schienen, hob er sie mit zwei langen, flachen Steinen aus dem Feuer und ließ sie in den Plastiksack fallen. Das Wasser zischte und brodelte, als die Steine auf den Grund sanken. In kürzester Zeit war der Inhalt des Beutels so heiß, daß man nicht mehr hineinfassen konnte.

Umiak tauchte den Deckel der Thermosflasche in das Wasser und forderte Larsen auf, davon zu trinken. Das Gebräu sah nicht sehr anziehend aus. Die ölige Flamme hatte die Steine geschwärzt, und auf der Oberfläche des Wassers schwamm schwarzer Ruß. Larsen schüttelte den Kopf.

»Sie sollten aber etwas davon trinken«, beharrte Umiak. »Es ist besser, warmes Wasser zu trinken, als kaltes. Wenn man kaltes Wasser trinkt, verbraucht man im Inneren Heizenergie, um es zu wärmen. Solche Energieverluste können wir uns nicht leisten.«

Aber auch das vermochte Larsen nicht recht zu überzeugen. Er hatte fürs erste genug Überlebenslektionen erhalten. Umiak schien das zu spüren und leerte die Tasse allein. Dann blieb er stumm sitzen. Insgeheim sehnte er sich nach der Gesellschaft seiner Leute mit ihrem bissigen Humor und ihrem schwerblütigen Witz. Dieser weiße Mann deprimierte ihn.

Abrupt stand er auf und wanderte das Tal hinunter. Dabei hielt er sich dicht am Rande des Baches, der sich zwischen den am Talgrund hingestreuten Felsbrocken einen gewundenen Pfad suchte. Zu seiner Rechten ragte im tiefen Schatten eine schneebedeckte Bergflanke auf. Linkerhand wurden die Abhänge dagegen von der Sonne mit goldbraunem Glanz überzogen, von dem sich die Blaubeerbüsche als dunkle Mähne abhoben. Auch hier gab es allerdings breite Schneeflächen, die der Wind zu bizarren Formen aufgetürmt hatte, deren blauschwarze Schatten sich deutlich vom glitzernd weißen Hintergrund abhoben. Der Bach hatte einen Weg aus diesem Hochtal gefunden, aber es war keineswegs sicher, daß man ihm auf seinem Weg folgen konnte.

Die Landschaft war Umiak keineswegs unbekannt, denn er hatte schon vor einigen Jahren in diesen Bergen gejagt, allerdings weiter im Osten. Er wußte, daß er hier überleben konnte, jedenfalls wenn er allein war, und dieses Wissen und eine instinktive Liebe zu diesem Land, als dessen Teil er sich fühlte, ließen in seinem Gemüt keinerlei Angst oder Besorgnis aufkommen.

Was ihn nervös machte, war die Anwesenheit eines Weißen. Die Weltanschauung der beiden Rassen war so gegensätzlich, und ihre Einstellung gegenüber der Umwelt ließ sich so gar nicht vereinbaren. Seit zehntausend Jahren hatte Umiaks Volk gelernt, in diesem Land zu leben und alles zu nutzen, was es ihm bot. Die Weißen dagegen hatten irgendwann beschlossen, ihr Schicksal nicht länger dem lebendigen Zyklus der Natur zu unterwerfen. Sie hatten Überlebenstechniken entwickelt, die sie ihrer natürlichen Umgebung mehr und mehr entfremdeten. Sie hatten begonnen, Vieh zu züchten und das Feld zu bestellen. Von da an waren sie gezwungen, die Kräfte der ungezähmten Natur immer mehr zu begrenzen und zu bekämpfen, und heute lebten sie in einer Art riesigem Raumschiff, das sie Zivilisation nannten. Sobald sie nicht mehr auf ihre künstlichen Überlebenssysteme zurückgreifen konnten, waren sie nach kurzer Zeit verloren.

In den kommenden Tagen würde ihn Larsen immer mehr brauchen. Aber das wollte er noch nicht wirklich begreifen, und Umiak fragte sich, wie er Larsen davon überzeugen könnte, ohne daß er sich den Weißen zum Feind machte. Andererseits brauchte *er* Larsen nicht. Fast unbewußt schob sich seine Hand in die Tasche und tastete nach dem Revolver.

Es wäre alles so einfach. Er brauchte sich dem Kerl bloß von hinten zu nähern und ihm eine Kugel in den Kopf zu schießen. Das war im Grunde humaner, als wenn er ihn seinem Schicksal überließ, humaner auch, als wenn er ihn zwang, die Kälte, den Hunger und die Gefahr von Erfrierungen zu ertragen. Mit einem einzigen Schuß konnte er Larsen für immer von diesem Lande befreien, vor dem er offenbar soviel Angst hatte, ja, das er vielleicht sogar haßte.

Aber schon während er darüber nachdachte, wurde Umiak klar, daß dieser Ausweg zu leicht war. Sein ganzes Leben hatte er sich um bessere Beziehungen zwischen seinem Volk und den weißen Eindringlingen bemüht. Und jetzt versuchte er vor sich selbst eine allzu billige Lösung zu rechtfertigen, die nur seine eigene Lage erleichtern würde? Umiak mußte über seine eigene Doppelzüngigkeit lächeln. Andererseits, dachte er, konnte es nicht schaden, sich alle Möglichkeiten offenzuhalten.

Während er seine Gedanken schweifen ließ, blieben seine Augen nicht untätig. Er hielt Ausschau nach etwas, was er in Ermangelung eines besseren Ausdrucks ein »Zeichen« nannte. Es gab wenig genug zu sehen, ein vertrocknetes, plattes Etwas aus Fell und Knochen, das vom arktischen Wind ausgedörrte und konservierte Abbild einer Schnee-Eule. Er überquerte eine dünne, gewundene Spur, die wahrscheinlich von einem Erdhörnchen stammte, und bemerkte auch die Stelle, wo die Schneehühner die Heidekrauttriebe abgeweidet hatten. Ein Schatten glitt über die Sonne, und als Umiak aufschaute, sah er einen Adler, der mit ausgebreiteten Schwingen durch die Luft schwebte.

Der Adler kreiste nur ein einziges Mal über ihm, dann war er verschwunden. Es gab nichts, was ihn an diesem öden Tal gereizt hätte.

Auch Larsen hatte den Adler gesehen. Aber er fühlte sich bei seinem Anblick nur noch hilfloser. Konnte der Adler nicht an einem einzigen Tag fast ohne Anstrengung, ohne Kälte und Hunger zu leiden, eine Strecke zurücklegen, zu der Larsen einen ganzen Monat gebraucht hätte?

Umiak war mittlerweile nur noch ein Punkt am Horizont und verschwand schließlich in einer Geländefalte. Larsen erinnerte sich daran, wie oft die winzigen Gestalten der Vietkong denselben Trick des plötzlichen Verschwindens praktiziert hatten. Nur schlichen sie sich in der Deckung näher heran. Und dann folgte das endlose Warten mit dem Finger am Abzug. Man wußte nie, wie bald oder wie nahe sie wieder auftauchen würden. Unheimlich, wie sehr Umiak einem Vietnamesen ähnelte; aber er kam nicht näher, sondern entfernte sich, bis er außer Sichtweite war, und außerdem hatte er keine Waffe. Zum erstenmal bedauerte Larsen, daß er das Sportschießen aufgegeben hatte, nachdem er aus der Army ausgeschieden war. Er hätte dann jetzt vielleicht ein Gewehr gehabt anstelle des nutzlosen Angelzeugs. Allerdings, das mußte er zugeben, gab es hier kein Wild zu schießen.

Die Stille wurde noch drückender. Larsen hörte nur seinen eigenen Atem und seinen eigenen Herzschlag. Man konnte sich einbilden, das Blut in den Adern kreisen zu hören, dachte er. Er warf einen Stein in Richtung des Baches, um das Schweigen zu brechen. Ein gespenstisches Klappern war die Antwort, und die Berge warfen ein totes Echo zurück.

Die Zeit verging, und Umiak kam nicht wieder. Wo war der dumme Kerl bloß hingerannt? Hatte er einen Unfall gehabt, war er einen Abhang hinuntergefallen, oder hatte ein Bär ihn erwischt? Unwillkürlich sah Larsen sich um. Seine Augen versuchten die tiefen Schatten ringsum auszuloten. Aber so rasch wie sie gekommen war, verging seine Angst wieder. Eigenartig, dachte er, daß sogar die Anwesenheit eines Menschen, den man nicht mochte, tröstlicher als völlige Einsamkeit war. Nur sein Stolz verhinderte, daß er nach Umiak rief. Dann hörte er plötzlich das Flugzeug.

Zuerst glaubte er an eine Sinnestäuschung; das Motorengeräusch war sehr schwach. Doch dann hörte er es erneut, lauter, unverkennbar dieses Mal. Larsen suchte den Himmel ab, aber der Himmel war leer. Das Flugzeug befand sich irgendwo hinter den Bergen. Wenn es nicht direkt über das Tal kam, würde es an ihnen vorbeifliegen. Er mußte irgendwie die Aufmerksamkeit auf sich lenken, und das konnte er nur mit Rauch.

Larsen rannte zur Cessna zurück und verfluchte sich, daß er nicht schon früher daran gedacht hatte, ein Feuer vorzubereiten.

Verzweifelt suchte er nach Brennmaterial. Schließlich fiel ihm die Jacke des toten Piloten in die Hände. Er nahm sie und lief ein paar Schritte weg, weil er keinen Brand in der Nähe des Flugzeugs auslösen wollte. In dem Plastiksack war noch ein halber Liter Kerosin, und ehe er das Feuerzeug daranhielt, verspritzte es Larsen über der Jacke.

Das Kerosin verbrannte in einer Stichflamme, aber die Rauchentwicklung war nur gering. Das Motorengeräusch des Flugzeugs war schwächer geworden, aber als Larsen schon aufgeben wollte, wurde es wieder lauter. Das Flugzeug hatte gewendet.

Robbenöl qualmte, und Umiak hatte einen ganzen Plastiksack voll! Larsen rannte zum Flugzeug zurück, ergriff den Behälter und spritzte Robbenöl über das Feuer. Zunächst zischte das Öl bloß und drohte das Feuer fast zu ersticken, aber dann brannte es mit einer gelben Flamme, die dichten schwarzen Qualm abgab. Der Rauch stieg gleichmäßig zum Himmel über dem Tal auf. Vierzig, fünfzig, sechzig Fuß hoch. Aber dann stieg der Rauch zu Larsens Entsetzen nicht weiter, sondern breitete sich auf halber Höhe des Abhangs, wo die aufsteigende Warmluft vom Tal auf die undurchdringliche Kaltluftdecke der Berggipfel stieß, zu einem flachen Dunstschleier aus.

Larsen stieß einen lauten Fluch aus. Die Überreste der Jacke an seinen Füßen glimmten nur noch, und in einem Wutanfall gab er ihr einen heftigen Fußtritt. Einer der Ärmel flammte noch einmal auf und wickelte sich um sein Bein. Im Nu hatte der mit Robbenöl getränkte, brennende Stoff seine Hose in Brand gesetzt und versengte Larsen die Haut.

Voller Entsetzen sprang er zur Seite, aber die brennende Jacke blieb an seinem Bein hängen. Seine Bemühungen, sich zu befreien, ließen die Flammen hell auflodern. Er dachte daran, zum Bach hinunterzulaufen, aber der war zu weit weg. In blinder Panik schüttelte er sein Bein immer heftiger, und schließlich fiel die Jacke herunter. Seine Hose glimmte aber trotzdem noch weiter. Erst jetzt kam er auf den Gedanken, das Feuer mit Schnee zu ersticken. Auf einem Bein hüpfend, schaufelte er sich mit beiden

Händen Schnee auf die Hosen, bis der Stoff völlig durchtränkt und auch der letzte Funke des Feuers gelöscht war. Dann schluchzte er vor Erleichterung auf, wagte aber nicht, das Ausmaß seiner Verbrennungen genauer zu untersuchen. Erst jetzt fiel ihm auf, wie still es ringsum wieder war. Das Flugzeug war weg.

4

Zwischen den dürren Grasbüscheln lag verwitterter Schafsdung. Umiak hatte ihn bisher kaum beachtet. Schafe konnten, genau wie der Bach, einen Weg gewählt haben, wo ihnen kein Mensch folgen konnte, und die Tatsache, daß sie dagewesen waren, bewies keineswegs, daß es leicht war, das Tal zu verlassen. Er folgte dem Bach mit den Augen. Irgendwo zwischen den Felsspitzen mußte es einen Paß geben. Er war jetzt schon weit vom Flugzeug entfernt, aber er beschloß, trotzdem noch weiterzugehen.

Dann fand er ein paar hundert Meter bachabwärts verwitterten, ausgetrockneten Wolfskot mit Schafwolle und ein paar Knochenresten vermischt. Jetzt wußte er, daß der Weg aus dem Tal gangbar sein mußte. Erleichtert machte er sich auf den Rückweg zum Flugzeug. Immer noch hegte er heimlich die Hoffnung, die verlorene Landkarte wiederzufinden, aber er wußte, daß die Aussichten praktisch gleich Null waren. Plötzlich hörte er das Motorengeräusch.

Sein erster Impuls war, zurück zur Cessna zu laufen, aber dann beherrschte er sich und lauschte statt dessen. Das Geräusch kam von Norden, von jenseits der Berggipfel. In regelmäßigen Abständen wurde es lauter und leiser. Das Flugzeug kreiste. Es war möglich, daß es nach ihnen suchte. Aber es war genausogut möglich, daß es von Angehörigen seines eigenen

Stammes gechartert worden war, die Karibus jagen wollten; denn jetzt begannen die großen Herden ihre Wanderungen in die Winterquartiere nach Süden. Es konnte auch ein Zoologe sein, der die Wölfe zählte, oder ein weißer Jäger, der noch einen Bären aufspüren wollte. Daß da draußen ein Flugzeug kreiste, konnte viele Gründe haben. Während Umiak lauschte, wurde das Geräusch leiser und hörte schließlich ganz auf. Bald hörte er nur noch das leise Murmeln des Baches, der zu seinen Füßen durch das Geröll floß.

Letztlich war es sehr unwahrscheinlich, daß die Maschine nach ihnen gesucht hatte. Tibbett hatte keine Gelegenheit gehabt, einen Notruf zu senden. Niemand in der Außenwelt konnte wissen, wo sie abgestürzt waren. Um sie zu finden, hätten die Hilfsmannschaften einen Korridor von dreißig Meilen Breite und dreihundert Meilen Länge absuchen müssen, ein Gebiet, das aus Tundra und Torfmoor, Sümpfen, Flüssen, Seen und Weidendickicht bestand und sich über zahllose Bergspitzen und namenlose, verborgene Täler hinzog. Sie würden vielleicht die bekanntesten Plätze absuchen, wo ein in Schwierigkeiten geratener Pilot eine Notlandung versucht haben würde. Sie würden die Seen abfliegen, die Kiesbänke und die wenigen notdürftigen Landestreifen, die von Geologen angelegt worden waren. Sie würden natürlich alle, die in diesem Gebiet unterwegs waren, bitten, nach Wrackteilen Ausschau zu halten, aber das war auch schon so ziemlich alles.

In diesem Augenblick faßte Umiak einen Entschluß. Was sie hier im Tal an Nahrung auftreiben konnten, war viel zu wenig, um längere Zeit davon zu leben. Es gab nur einen einzigen Weg, das Tal zu verlassen: zu Fuß. Sie mußten sich auf den Weg machen, ehe Hunger und Kälte sie umbrachten.

Als er auf die Anhöhe kam und auf das Flugzeug hinabsehen konnte, waren diese Gedanken vergessen. In der Nähe der abgestürzten Maschine glimmte ein Feuer, und Larsen hüpfte auf einem Bein herum wie ein Irrwisch. Umiak stürmte den Abhang hinunter.

Halb wütend, halb beschämt erklärte Larsen, was ihm passiert war. Umiak war empört. Wie konnte jemand so dumm sein, fast drei Liter kostbares Robbenöl zu verschwenden, bloß um Rauch zu erzeugen? Der Kerl hatte womöglich ihre einzige Chance vertan, die kommenden Tage zu überleben. Einen Moment lang war Umiak in Versuchung, Larsen gleich auf der Stelle zu töten und seine Leiche den Wölfen und Raben zu überlassen. Dann mußte er lachen. Schließlich war das Ganze ein Mißgeschick von der Art, über die sein Volk von Anbeginn aller Zeiten gelacht hatte. Wenn jemand ins Eis einbrach, wenn ein Schlitten sich überschlug, wenn sich ein Mann in den Fuß schoß oder dergleichen, war das kein Anlaß zur Trauer, sondern ein Anlaß zur Heiterkeit. Und die Vorstellung, daß jemand seine eigenen Hosen in Brand gesetzt hatte, erschien Umiak plötzlich so komisch, daß er lachte, bis ihm die Tränen übers Gesicht liefen. Wenn er überlebte, dann war dies eine Geschichte, die er seinen Leuten immer wieder erzählten konnte, und allein der Gedanke daran löste einen neuen Heiterkeitsausbruch aus.

Larsen fühlte sich durch Umiaks kindische Schadenfreude einigermaßen gedemütigt. Mürrisch holte er seine Tasche und humpelte zum Bach hinunter, um sein schmerzendes Bein im Wasser zu kühlen. Das eiskalte Wasser dämpfte den Schmerz und war unter den gegebenen Umständen wahrscheinlich die beste Behandlung. Eine der Verbrennungen war ziemlich schlimm. Sie schränkte zwar seine Bewegungsfähigkeit nicht ein, aber Larsen wußte, daß selbst in diesem kalten Klima hier oben die Gefahr einer Wundinfektion bestand. Wie bei allen Verbrennungen war die Wunde jetzt noch steril, aber unter der verbrannten Haut, abgeschirmt von Licht und Luft, würden sich bald die Mikroorganismen vermehren, die das abgestorbene Gewebe zersetzten, und ohne Antibiotika konnte er sie nur mit den Abwehrkräften des eigenen Körpers bekämpfen. Es konnten sich Eiterherde, vielleicht sogar Wundbrand entwickeln.

Als Larsen eines der Reservehemden aus seiner Tasche in schmale Streifen zerriß, um daraus Verbandzeug zu machen, näherte sich Umiak mit einem frischen, sauberen Moospolster. Larsen akzeptierte das Friedensangebot, und das Moos verschaffte ihm tatsächlich eine gewisse Erleichterung. Jeder der beiden Männer hatte das Bedürfnis, das Schweigen zu brechen, aber keiner wollte zuerst etwas sagen. Schließlich murmelte Larsen: »Was glauben Sie, wo wir sind?«

»Ich habe darüber nachgedacht«, sagte Umiak zögernd. Er zog mit dem Finger eine lange, leicht gekrümmte Linie in eine Schneefläche. »Das ist die Brooks Range, die Bergkette, die das Landesinnere Alaskas von der Nordküste abtrennt.« Dann erschien oberhalb des linken Endes der Linie ein Punkt. »Hier sind wir abgeflogen«, sagte er. »Und hier wollten wir hinfliegen.« Dabei steckte er seinen Zeigefinger in die Mitte der Linie, aber unterhalb davon in den Schnee. »Die Flugzeit für die gesamte Strecke hätte in der alten Kiste etwa drei Stunden gedauert, und wir waren ungefähr anderthalb Stunden in der Luft, als das Unwetter einsetzte.«

»Und das bedeutet, wir sitzen irgendwo mitten in den Bergen, nicht wahr?« stöhnte Larsen.

»Nicht ganz«, sagte Umiak. »Ich glaube, wir sind noch am nördlichen Rand. Wenn das zutrifft, liegt nördlich von uns nur offene Tundra bis hinunter zum Meer. Wenn wir aber nach Süden wollen, müssen wir das ganze Gebirge durchqueren. Es gibt zwar ein paar Siedlungen an den Flüssen, aber es wäre ziemlich schwer, sie zu finden.«

»Wie wäre es, wenn wir einfach zurückgehen?«

Umiak schüttelte den Kopf. »Dann müßten wir auch wieder meilenweit über die offene Tundra. Siedlungen gibt es nur an der Küste, und wir wissen nicht genau, wo sie liegen. Im Flugzeug ist zwar ein Kompaß, aber selbst wenn er noch funktioniert, nützt er uns nichts ohne Karte.«

»Also gehen wir nach Osten«, sagte Larsen. »Aber was bringt uns das eigentlich? Da müssen wir auch durch die Berge, und wir haben, selbst wenn wir es überleben, keinerlei Garantie, daß wir auf Siedlungen stoßen. Wie weit sollen wir gehen? Hundert, zweihundert Meilen? Wie lange werden wir dafür brauchen? Eine Woche? Zwei? Einen Monat?«

Umiak seufzte. So viele Fragen. »Wenn wir weit genug kommen, müssen wir irgendwann auf die Straße stoßen, mit der die Ölfelder an der Prudhoe Bay versorgt werden. Ganz so einfach, wie es klingt, ist das allerdings nicht. Man kann natürlich nicht schnurgerade nach Osten über die Berge marschieren.«

Er zeigte auf seine improvisierte Landkarte. »Die Flüsse auf dieser Seite der Berge fließen im allgemeinen nach Norden, aber es gibt auch ein paar tiefe Täler, in denen die Flüsse von Westen nach Osten und umgekehrt fließen. Nehmen wir einmal an, wir folgen dem kleinen Bach hier. Auf diese Weise gelangen wir entweder nach Norden oder nach Osten. Auf jeden Fall wird das Gelände flacher, und wir können uns ein Tal suchen, das uns erlaubt, weiter nach Osten zu gehen.«

»Und wenn wir uns verlaufen?« fragte Larsen.

»Solange man einen Fluß hat, dem man folgen kann, ist man nie ganz verlassen«, erwiderte Umiak. »Außerdem gibt es überall Beeren, irgendeine Art Wildbret, Unterschlupf und sicher auch Feuerholz an den Flüssen. Vielleicht können wir auch Fische fangen mit Ihrer Angel. Es wird noch ein paar Wochen dauern, bis die Flüsse zufrieren.«

»Aber wir könnten monatelang unterwegs sein«, widersprach Larsen. »Und je länger wir brauchen, desto schlechter wird das Wetter. Wäre es nicht vielleicht doch besser, wenn wir noch ein paar Tage hierblieben?«

Umiak nickte. Dann sagte er so behutsam wie möglich: »Mr. Larsen, dieses Land hat mein Volk seit zehntausend Jahren ernährt. Es ist ein gutes Land, solange man die Regeln beachtet. Außerdem habe ich westlich vom Anaktuvuk–Paß vor ein paar Jahren gejagt. Mit einem Freund, den ich eigentlich gestern besuchen wollte. Früher oder später kommen wir vielleicht in eine Gegend, die mir bekannt ist. Außerdem gibt es hier und da Jagdhütten und alte Lagerplätze meines Volkes. Wer weiß, vielleicht treffen wir sogar Inuit–Jäger auf unserem Weg.«

Larsen schwieg. Er wollte so dringend aus diesem öden Land fort. Er sehnte sich nach einem heißen Bad und einem sauberen Bett, nach einem saftigen Steak und dem Klingeln der Eiswürfel in einem guten Glas Whisky. Sogar den Lärm und Gestank der Autos hätte er gern wieder in Kauf genommen, wenn er nur einen gepflasterten Bürgersteig unter den Füßen gehabt hätte. Aber vor dem Weg aus diesem Tal heraus und den künftigen Fußmärschen hatte er eine unerklärliche Angst. Dies war nicht bloß eine dreitägige Patrouille durch den Dschungel, an deren Ende ein Hubschrauber wartete, um einen zurück zur Basis zu bringen. Dies war vielleicht eine Reise ohne Ende, außer dem eines langsamen Todes durch Verhungern oder Erfrieren. Seine Angst und sein Zorn richteten sich gegen den olivhäutigen Mann, der in stillem Nachdenken versunken neben ihm saß. »Wenn diese gottverdammte Wildnis ein solches Paradies ist, warum leben Ihre Leute dann nicht mehr hier draußen?«

Umiak schien zunächst gar keine Antwort geben zu wollen, dann aber begann er leise und zögernd zu sprechen, wie ein alter Mann, der sich an seine Jugend erinnert. »Dieses Land ist sehr groß, und es gab nicht viele Menschen. Jahrhundertelang durchstreiften die Inuit die Hügel und Flußtäler. Sie folgten den Karibus und fischten in Bächen und Flüssen, sie sammelten je nach Jahreszeit Vogeleier oder Beeren und Wurzeln. Sie wußten, wo die Bären ihre Höhlen gruben und die Biber ihre Dämme bauten. Andere lebten am Meer und machten Jagd auf Robben und Wale und auf das Walroß. Von Zeit zu Zeit kamen sie zusammen und tauschten Karibuhäute gegen Tran oder Bartrobbenleder, aus dem man die besten Stricke und Schuhe schneiden kann, gegen weiche Luchs– oder Fuchspelze und Fleisch, das nicht nach Tran und Salzwasser schmeckte.

Dann kamen die Weißen. Walfänger und Pelzhändler. Für unsere Arbeit, für unsere Pelze und das Fleisch unserer Jagdbeute boten sie uns Whisky, Tabak und Geräte aus Eisen an, gewebte Stoffe und Gewehre. Daraufhin begannen die Inuit an den großen Flüssen und an den Meeresküsten zu siedeln, in der Nähe der Straßen und Häfen der Weißen, wo es die Waren gab, die der weiße Mann mitgebracht hatte.

Nun ist es zwar richtig, daß wir diese Dinge nicht brauchen. Aber wir sind eben auch nicht besser als ihr. Ehe es die Automobile und Fernsehgeräte gab, die ihr erfunden habt, habt ihr euch auch nicht nach diesen Dingen gesehnt. Aber weil es sie nun einmal gibt, möchte sie auch jeder haben. Genauso ging es uns.

Die Weißen brachten uns auch noch andere Geschenke: Syphilis und Blattern, Masern und Tuberkulose. Zur Belohnung dafür raubten sie dem Land seinen Reichtum, und als Pelze, Tran und Fischbein nicht mehr gebraucht wurden, ließen sie unsere Siedlungen links liegen und kümmerten sich nicht darum, daß die Inuit hungerten und starben. Dann kamen die Missionare und sagten uns, wir müßten leiden, weil wir gesündigt hätten. Sie erzählten uns aber auch von ihrem Gott, einem allmächtigen Gott, der uns unsere Sünden vergeben würde, wenn wir nur die Lebensweise der Weißen annähmen. Deshalb kam das Bureau of Indian Affairs, nahm uns unsere Kinder weg und brachte sie in Internatsschulen unter. Sie schnitten unseren Kindern die Haare ab und steckten sie in westliche Kleider. Jedes Kind, das dabei erwischt wurde, daß es in seiner Muttersprache redete, wurde schwer bestraft. Sie brachten ihnen nützliche Dinge bei: Lesen und Schreiben, und sie lehrten sie, nur noch die Sprache des weißen Mannes zu sprechen. Aber sie konnten ihnen nicht beibringen, wie man fischt und jagt und wo man eßbare Wurzeln findet oder wie man Schlingen für Schneehühner auslegt. Und weil unsere Kinder nicht bei ihren Eltern bleiben durften, lernten sie diese Dinge nicht mehr. Die Mädchen wußten nicht mehr, wie man Häute gerbt oder Fisch zubereitet, und die jungen Männer wußten nicht mehr, wie man auf Schneeschuhen läuft und Karibus oder Schneehasen jagt. Sie wußten nichts mehr über ihr eigenes Land.

Lange Jahre hindurch vergaßen die Inuit Fähigkeiten und Gebräuche, die ihnen so lange Zeit nützlich gewesen waren. Aber heute sind wir klüger geworden. Wir wissen zu schätzen, was die

Weißen uns bieten, aber wir verachten unsere eigenen Traditionen nicht länger, sondern versuchen uns wieder anzueignen, was wir einmal an Fähigkeiten gehabt haben. Die Bewohner von Anaktuvuk gehörten zu denjenigen, die früher vom Gebirge ans Meer gezogen sind. Aber vor fünfundzwanzig Jahren haben sie die Küste wieder verlassen und sind zurückgekehrt in die Berge. Vielleicht werden ihnen andere folgen . . .«

Abrupt stand Umiak auf. »Die Schatten werden länger, und die Nacht wird sicher wieder sehr kalt. Ich schlage vor, daß wir aus dem Flugzeug die Sitze ausbauen und uns aus der Polsterung und dem Teppichboden ein Bett machen. Es wird wärmer sein, wenn wir zusammen darin schlafen. Falls Ihnen das recht ist.«

Mit dem Bordwerkzeug und Larsens kleinem Taschenmesser machten sie sich an die Arbeit. Sie schraubten die Sitze aus der Verankerung, schnitten die Polsterung herunter und rissen den Teppichboden heraus. Larsen war für die Beschäftigung dankbar, seine Laune besserte sich. »He, Umiak, wenn wir schon zusammen schlafen, sollten wir uns auch duzen. Ich heiße Steve«, grinste er.

Umiak hielt einen Augenblick in seiner Arbeit inne und dachte darüber nach. »Nein«, sagte er schließlich. »Ich glaube, das wäre nicht richtig.«

»Wie Sie wollen«, erwiderte Larsen verstimmt. Er wußte nicht recht, ob er darüber lachen oder beleidigt sein sollte. Vielleicht machte Umiak ihn für die Leiden und Entbehrungen verantwortlich, die die Weißen über sein Volk gebracht hatten. Er hatte ja wie vom verlorenen Paradies gesprochen, aber Larsen bezweifelte, ob dieses Leben auch nur annähernd Ähnlichkeit mit einem Garten Eden gehabt hatte. Viel eher steckte die Geschichte voller Vorurteile, zeugte von einem Schuldgefühl, das aus verlorener Unschuld geboren war. Wie auch immer, nicht einmal Umiak konnte die Uhr zurückstellen. Andererseits hatte seine Förmlichkeit ihren Ursprung vielleicht in einem augenzwinkernden Vermächtnis aus den Walfängertagen, als die Schiffsoffiziere einander immer mit »Mister« angesprochen hatten. Jedenfalls war es nicht wichtig.

Es wurde rasch dunkel, während sie arbeiteten. Wolken zogen sich um die Berggipfel zusammen, bald waren die Felsnadeln im Nebel verschwunden. Ein kalter Regen setzte ein, der bald zu Schnee wurde.

Larsen hockte sich zu Umiak in die Kabine, während der Rumpf des Flugzeugs allmählich im Schnee verschwand. Erst waren die Flocken noch grau und naß, bald aber wurden sie dichter und weißer, und die Kälte nahm zu. Dies war nur ein Vorgeschmack der Wetterbedingungen, denen sie demnächst schutzlos und ohne Winterausrüstung oder warme Bekleidung ausgesetzt sein würden. Larsen zitterte, mehr vor Angst als vor Kälte.

Von der Umgebung war lange Zeit außer einem wilden Flockenwirbel nichts mehr zu sehen. Dann war der Schneesturm schlagartig vorbei. Die Sterne kamen heraus, und die Frostkälte einer mondlosen Nacht schnitt ihnen ins Fleisch.

5

Es war erstaunlich, wieviel Popcorn man essen konnte, ohne sich im mindesten gesättigt zu fühlen. Hoffentlich bekam er keine Verstopfung! Larsen hatte ohnedies schon genug Schwierigkeiten. Aber wahrscheinlich würden die Beeren und die Insekten und Blätter, die er mit ihnen verschluckt hatte, jeglicher Verstopfung bald abhelfen.

Eigentlich war es ganz gemütlich, so im Dunkeln zu liegen, und unter dem herausgerissenen Teppichboden war es beinahe warm. Der Teppich roch ein wenig modrig, aber Umiak, der dicht neben ihm lag und leicht und leise atmete, roch überhaupt nicht. Merkwürdig, daß er nicht bereit gewesen war, sich mit

Larsen zu duzen. Larsen hatte gehört, die Eskimos seien oft allzu freundlich, aber davon hatte er nichts feststellen können. Er hatte sogar gehört, daß sie früher ihre Frauen mit den weißen Reisenden zu teilen pflegten, und er hatte sich oft gefragt, ob das wohl stimmen mochte. Einen Augenblick lang war er versucht, Umiak danach zu fragen, verwarf die Idee aber. Er hatte keine Lust, sich wieder zurechtweisen zu lassen. Außerdem war es nicht ratsam, unter den gegebenen Umständen Gespräche über derartige Intimitäten auch noch zu fördern.

Einige der Eskimomädchen, die er gesehen hatte, waren jedenfalls bemerkenswert hübsch gewesen, und mindestens eine war bereit gewesen, mit ihrer Gunst freizügig umzugehen, für einen entsprechenden Preis selbstverständlich. Larsen fühlte die Hitze in sich aufsteigen und verbannte derartige Gedanken aus seinem Kopf. Statt dessen konzentrierte er sich auf das Bild einer alten fetten Eskimofrau mit welken, schlaffen Brüsten, nach Fisch stinkendem Atem und einem Mund voll fauler Zähne.

Durch das Seitenfenster konnte Larsen auf den gegenüberliegenden, frisch verschneiten Hang sehen, der im Licht der Sterne glänzte. Die schwarzen Felsen nahmen seltsame Formen vor dem weißen Hindergrund an. Manchmal schienen sie sich sogar zu bewegen. Larsen hätte schwören können, daß einer von ihnen gerade langsam über den Abhang gerutscht war.

Allmählich sank Larsen in Schlaf, trotz der Schmerzen in seinem Bein. Einmal wachte er in der Nacht auf und glaubte, Steine poltern zu hören. Aber dann war es wieder ganz still, und er glitt zurück in den Schlaf.

Die Schneehühner kamen in der Morgendämmerung, noch ehe die Männer erwachten. Sie hatten die Mauser fast hinter sich, und es gab nur noch wenige braune Flecken in ihrem weißen Gefieder. Bald hatten sich die ersten Vögel in den Nylonschlingen der Männer verfangen. Hilflos zappelten sie im Schnee, und die anderen flogen erschrocken auf.

Larsen fühlte sich besser, als er erwachte. Er hatte sich erholt, aber er war auch sehr hungrig. Dann erinnerte er sich, was sie zum Frühstück erwartete, und sofort verließ ihn alle gute Laune. Sie hatten die Wahl zwischen gefrorenen Blaubeeren und Popcorn; beides war nicht gerade verlockend. Dann fielen ihm die Schlingen ein, die Umiak am Vortag ausgelegt hatte. Als er aus dem Fenster sah, stieß er einen Freudenschrei aus und weckte Umiak damit auf. Fast gleichzeitig sprangen die Männer aus der Kabine und rannten über den Schnee. Als Alternative zum Popcorn waren ihnen die zähen Vögel mehr als willkommen.

»Wir teilen«, rief Umiak.

»Gebratenes Schneehuhn!« murmelte Larsen verzückt.

»Suppe«, korrigierte ihn Umiak.

Die beiden Männer blieben stehen und starrten sich feindselig an. Drei tote Schneehühner hielt Umiak in der Faust, und er sah nicht so aus, als ob er seine Beute freiwillig hergeben würde. »Eine Suppe ist ergiebiger und nahrhafter«, sagte er. »Ich . . .«

»Hören Sie«, sagte Larsen. »Machen wir doch ein Geschäft. Ich brate mir einen der Vögel, und Sie können die beiden anderen haben.« Umiak nickte mit ausdruckslosem Gesicht. Er wog die Vögel in der Hand und gab Larsen den schwersten.

Das Fleisch war zäh, und obwohl die Haut schon verkohlt war, blieb es an den Knochen fast roh. Larsen hatte seinen Vogel schon aufgegessen, als Umiak mit der Zubereitung seiner Suppe anfing. Jetzt saß er, immer noch hungrig, auf einem Felsen und sog an den winzigen Knochen, während Umiak sich die ersten Fleischstücke aus dem Gefrierbeutel fischte, in dem er sie gekocht hatte, und dazu ein paar von den Fettaugen schlürfte, die obenauf schwammen. Umiak schien ewig für seine Mahlzeit zu brauchen, und der Geruch der Suppe quälte den hungrigen Larsen unendlich. Nur sein Stolz hielt ihn davon ab, aufzustehen und sich in sichere Entfernung zu begeben. Aber er war fest entschlossen, nichts anzunehmen, falls Umiak ihm etwas von der Suppe anbieten sollte. Ein solches Angebot unterblieb allerdings ohnehin.

Die Schatten wurden kürzer, und die Sonne verbreitete einen rosigen Glanz auf dem Schnee. Larsen ließ seine Blicke über das

Tal schweifen. Die Schönheit der Landschaft und die wärmenden Strahlen der Sonne stimmten ihn zuversichtlich. Doch plötzlich riß er erschrocken den Mund auf. »Oh, mein Gott!« flüsterte er und zeigte mit der Hand auf den gegenüberliegenden Hang.

Umiak drehte sich um. Der Steinhaufen, unter dem sie den Piloten beigesetzt hatten, war in der Nacht zerstört worden. Überall lagen die Steine im Schnee verstreut, dabei waren manche davon so schwer gewesen, daß Umiak und Larsen all ihre Kräfte gebraucht hatten, um sie gemeinsam an Ort und Stelle zu wuchten. Von dem erbrochenen Grab bis hinter die nächste Felsgruppe zog sich eine breite Spur durch den Schnee. Die Leiche des Piloten war weggeschleift worden.

Larsen sprang auf, aber Umiak hielt ihn zurück. Der Eskimo zitterte, und sein Gesicht war blaß. »Laufen Sie ihm nicht nach«, sagte er. »Das ist zu gefährlich.«

»Nachlaufen? Wem?« fragte Larsen.

»Dem Grizzly«, sagte Umiak. »Nur ein großer Grizzlybär kann die Steine auseinandergerissen und die Leiche weggeschleift haben.«

Larsen schwieg eine Weile. »Soll das heißen, der Bär hat die Leiche von Tibbett gefressen?«

»Zumindest zur Hälfte. Schauen Sie! Da!«

Weiter unten im Tal kreisten einige schwarze Punkte am Himmel. Ab und zu ließ sich der eine oder andere tiefer hinabgleiten, stieg aber immer wieder sofort zu seinen Artgenossen auf. »Raben«, sagte Umiak. »Sie haben die Überreste der Leiche gefunden. Wahrscheinlich hat der Bär sich erst gründlich gesättigt und dann versucht, den Rest zu verstecken. Jetzt lauert er in der Nähe der Leiche und vertreibt alle Lebewesen, die sich zu nähern versuchen.«

»Was machen wir nun?«

»Mit der Leiche? Da können wir nichts machen. Der Bär wird so lange dableiben, bis nichts mehr davon übrig ist. Zwei Tage oder drei. Der Bär muß sehr hungrig sein. Normalerweise würde er in dieser Jahreszeit längst nach einer Höhle für seinen Winterschlaf suchen. Wenn er immer noch in den Bergen auf Jagd geht, ist es besser, daß wir ihm nicht begegnen. Je eher wir von hier verschwinden, um so besser.«

»Aber im Flugzeug sind wir doch sicher?«

»Sie sehen ja, was er mit dem Grab gemacht hat. Was glauben Sie, wie lange er brauchen würde, um in die Kabine einzudringen?«

Plötzlich erinnerte sich Larsen an den großen Schatten, den er in der Nacht auf dem Abhang beobachtet hatte, und an das Poltern der Steine. Angesichts dessen, was hier in diesem einsamen Tal an Gefahr lauerte, schrumpfte seine Angst vor dem Fußmarsch, der ihnen bevorstand, zu einer unbedeutenden Größe zusammen. »Okay«, sagte er. »Lassen Sie uns von hier verschwinden.«

»Können Sie das Armaturenbrett des Flugzeugs herausschrauben?« fragte Umiak.

Larsen zuckte mit den Achseln. »Ich denke schon. Warum?«

»Wir könnten die Drähte und Kabel dahinter gut brauchen. Ich will versuchen, aus der abgebrochenen Tragfläche des Flugzeugs einen Schlitten zu machen, damit wir etwas Brennstoff und unser Bettzeug mitnehmen können und was uns sonst noch nützlich erscheint. Aber wir brauchen die Elektrokabel, damit wir alles auf dem Schlitten festbinden können. Außerdem brauchen wir natürlich ein Zugseil. Ich denke, daß wir morgen aufbrechen können. Wenn noch mehr Schnee fällt, sitzen wir sonst womöglich hier fest.«

Gemeinsam machten sie sich an die Arbeit, und während Larsen die Kabel aus dem Flugzeug herausriß, baute Umiak den Schlitten. Den größten Teil der Arbeit verrichtete er mit Larsens kleinem Messer. Fast wider Willen war Larsen beeindruckt von der Geschicklichkeit, mit der Umiak vorging, und von der Sparsamkeit seiner Bewegungen. Er dachte an die Pfeilspitze in seiner Tasche, und allmählich verstand er, wie dieses Volk so lange überlebt hatte.

Während Larsen einige Gefrierbeutel mit Benzin füllte und

sorgfältig verknotete, ehe er sie mit einer zweiten Gefrierbeutelhülle versah, schnitt Umiak zwei große Rechtecke aus der Unterseite der Tragfläche. Die scharfen Schnittkanten bog er sorgfältig um, so daß völlig glatte Ränder zurückblieben. Obwohl Umiak die Öffnungen nur nach Augenmaß geschnitten hatte, paßten ihre beiden Reisetaschen genau hinein. Die Hohlräume unterhalb der Querstreben bildeten einen geschützten Aufbewahrungsort für ihre Beeren– und Popcornvorräte.

Sie trugen fast die gesamte zur Verfügung stehende Kleidung gegen die Kälte. Ein Hosenbein von der Hose des toten Piloten mußte den Teil von Larsens Hose ersetzen, den er verbrannt hatte.

Umiak betrachtete die Überreste des Kleidungsstücks nachdenklich und legte es dann beiseite. Sie arbeiteten den ganzen Tag über und machten nur einmal Pause, um ihre unvermeidliche Beeren– und Popcornmahlzeit zu sich zu nehmen. Inzwischen war Larsen so hungrig, daß er die Blätter und Ästchen gern mitverzehrte.

Am späten Nachmittag war der Schlitten fertig. Aus den Elektrokabeln des Flugzeugs hatte Umiak Zugseile geflochten, und um alles auf dem Schlitten festhalten zu können, hatte er an den Seiten der Tragfläche eine Reihe von Löchern gemacht und weitere Kabel hindurchgezogen. Wenn sie am nächsten Morgen aufbrachen, würden sie ihr Bettzeug oben auf den Schlitten binden können. Eine der beiden Reisetaschen war mit benzingefüllten Gefrierbeuteln beladen. Jeder Beutel enthielt eine Tagesration. Umiak glaubte nicht, daß der Schlitten sehr lange halten würde, aber er meinte, er würde ihnen wenigstens einen Teil des Weges erleichtern. Er hoffte inständig, daß es nicht so bald wieder schneien würde und daß die vorhandene Schneedecke hart und fest blieb, zumindest, bis sie in tieferliegende Gegenden kamen. Als letztes, bevor sie sich für die Nacht zurückzogen, fertigte Umiak zwei Schneebrillen aus den Lederzungen und Schnürsenkeln der Schuhe des toten Piloten.

Larsen sah die Brillen verblüfft an. Als er eine aufsetzte, stellte er fest, daß sein Gesichtsfeld stark eingeschränkt war. Nur durch zwei winzige Schlitze im Leder konnte er ein wenig sehen.

»Mir ist aufgefallen, daß weder Sie noch der Pilot Sonnenbrillen besaßen«, erklärte Umiak, »und meine ist beim Absturz zerbrochen. Zu dieser Jahreszeit, wenn die Sonne tief über dem Horizont steht, kann das Licht sehr intensiv sein, besonders, wenn es von Schnee oder Eis reflektiert wird. Man kann davon schneeblind werden, und glauben Sie mir, das ist eine Erfahrung, die Sie nicht gerne zweimal machen möchten. Es kann innerhalb weniger Minuten passieren, und wenn Schneeblindheit auch selten von Dauer ist, kann sie doch mehrere Tage anhalten. Während dieser Zeit leiden Sie Höllenqualen. Sie können sich davor schützen, indem Sie Ihr Gesicht mit Ruß schwärzen. Oder diese Dinger tragen. Vielleicht brauchen wir sie nicht, aber wenn, dann ersparen sie uns eine Menge Schmerzen.«

Die letzten roten Sonnenstrahlen waren hinter den Bergen verschwunden, und mit der langsam einsetzenden Dämmerung sank die Temperatur. Larsen spürte eine zunehmende Müdigkeit in sich aufsteigen. Die Brandwunde an seinem Bein war unangenehm, aber die Schmerzen ließen sich aushalten, und solange man schlief, spürte man weder Hunger noch Kälte. Er hatte gerade die Augen geschlossen, als er die Wölfe heulen hörte.

Mit einem Ruck fuhr er hoch. Neben ihm lachte Umiak leise. »Der alte Bär wird heute nacht nicht viel schlafen«, murmelte er. »Jetzt hat sich ein Wolfsrudel bei ihm zu Tisch eingeladen.«

Danach lag Larsen lange wach. Vergeblich versuchte er zu vergessen, was da draußen in der Dunkelheit vorging. Er hatte sich nie für besonders ängstlich gehalten, und er hatte auch nie unter Zwangsvorstellungen gelitten, aber jetzt machte ihm seine Verlassenheit zu schaffen.

Er versuchte seinen Gemütszustand zu analysieren. Schließlich hatte er schon gefährlichere Situationen erlebt. Vielleicht wurde er einfach alt und verweichlicht. Er dachte an die Zeit bei der Army und an die Angst, die er vor dem Unbekannten gehabt hatte. Doch diese Angst war durch die Gesellschaft der Kameraden gemildert worden, denen er vertraute. Außerdem hatte er Waffen besessen.

Und hier, das mußte er sich eingestehen, lag die Wurzel seines Unbehagens. Mit einem Repetiergewehr an seiner Seite hätte er der Zukunft vertrauensvoller entgegengeblickt. Aber was hatte er wirklich zu befürchten? Einen aasfressenden Bären und ein weit entferntes Wolfsrudel. Solange er weder verletzt war noch im Sterben lag, drohte ihm von den Wölfen keine Gefahr, das wußte er. Der Bär stellte sicher eine Bedrohung dar, aber er würde wohl nicht angreifen, wenn er nicht gestört wurde. Der Wunsch nach einer Waffe entsprang nicht der Angst vor einer wirklichen Gefahr, ja nicht einmal der Notwendigkeit, Eßbares zu jagen. Es war die Ursehnsucht des schutzlosen Wesens.

Wenigstens hatte er in Umiak eine Art von Kameraden, der sich in dieser Wildnis wohlzufühlen schien. Umiak hatte sogar sein aufreizendes Kichern abgelegt, und von Anfang an hatte er ganz selbstverständlich das Kommando übernommen. Er wirkte nicht wie ein Mann, dem leicht Angst einzujagen war; trotzdem aber hatte er sich sichtlich vor dem Bären gefürchtet. Vielleicht waren seine Ängste ja berechtigt. Je eher also der Morgen kam, um so besser.

Und noch etwas anderes beunruhigte Larsen. Er hatte die ganze Zeit das Gefühl, daß er für Umiak nur eine Belastung darstellte. Eine Belastung, die Umiak jederzeit abschütteln würde, wenn es ihm notwendig schien. Einen Beweis für seine Vermutung hatte er nicht, dennoch quälte ihn diese Vorstellung.

Auch Umiak konnte lange nicht schlafen. Er dachte über den Revolver nach, der in seiner Tasche steckte und auf seine Brust drückte. Er wünschte, er hätte Larsen gleich zu Anfang davon erzählt, aber das hatte sein Mißtrauen verhindert. Früher oder später würde der weiße Mann merken, daß Umiak eine Waffe besaß. Was würde er dann tun? Der Revolver stand zwischen ihnen. Er war ein Symbol der Macht, und es war nicht abzusehen, ob Larsen dieses Symbol respektieren oder den Versuch machen würde, es an sich zu reißen. Umiak überlegte, ob er die

Waffe einfach wegwerfen sollte, entschied sich jedoch dagegen. In jedem Fall aber war es zu spät für eine vernünftige Erklärung, weshalb er die Waffe bisher verborgen hatte. Er mußte einfach abwarten und dann versuchen, mit der Situation fertigzuwerden, sobald Larsen die Waffe entdeckte. Mit diesem weisen Beschluß schlief Umiak ein.

Auch einige der Wölfe schliefen. Die anderen lagen im Schnee und warteten auf eine Gelegenheit, sich der Beute zu nähern. In ihren Augen glitzerten die Sterne. Sie lauerten in einem großen Halbkreis, weit außerhalb der Reichweite des Bären. Es waren sieben an der Zahl, ein Elternpaar, zwei junge Rüden und drei halberwachsene Junge. Sie hatten seit fünf Tagen nichts mehr gefressen, und der Geruch des Kadavers machte sie rasend vor Gier.

Der größte Teil der Innereien war weg. Der Bär hatte als erstes die Leber, die Nieren, das Herz und die Lunge des Toten gefressen. Auch außen hatte er große Streifen Fleisch heruntergerissen, aber das meiste war noch auf den Knochen, und jetzt packte der Bär die Überreste des Kadavers mit seinen mächtigen Kiefern und zog sie in den Schutz einer Felswand. Dort wachte er über die Beute, hielt sie mit seiner gewaltigen Pranke fest und stieß tiefe, kehlige Seufzer aus, während er den Fleischgeruch einsog. Die Wölfe schlichen zu dem Fleck, an dem die Leiche gelegen hatte, um den Schnee abzulecken und nach Überresten von Haut oder Fleisch zu suchen. Der Bär blieb wachsam, jeden Augenblick bereit zu töten.

In der Morgendämmerung erfolgte der Angriff der Wölfe. Ganz langsam zog das Rudel den Kreis um die Beute zusammen. Als der Leitwolf bis auf wenige Schritte heranschnürte, fuhr der Bär wütend hoch und vertrieb ihn. Der Wolf wich sofort zurück, doch als sich der Bär wieder hingelegt hatte, kam seine Gefährtin von der anderen Seite.

Der Bär schlug mit seiner mächtigen Pranke nach ihr, und wenn der Schlag getroffen hätte, hätte er ihr den Schädel zerschmettert. Aber die Wölfin war zur Seite gewichen, und die mörderische Tatze schlug in die Luft. Gleichzeitig schnappte einer der Wolfsrüden nach der Hinterpranke des Bären. Der alte Grizzly warf sich zornig herum und stürzte sich auf den Angreifer. Sofort begann der Rest des Rudels an der Leiche des toten Piloten zu zerren. Der Bär mußte sich erneut umwenden, um seine Beute zu retten. Er schnappte nach einem der Arme und preßte seine mächtigen Kiefer so heftig zusammen, daß er die Schulter vom Rumpf trennte. Verblüfft ließ er den abgetrennten Arm fallen, um sich den Rest des Kadavers zu sichern, und überließ damit das erste Stück seiner Beute den Wölfen.

Wütend und verwirrt zog sich der Bär noch weiter zwischen die Felsen zurück und schleifte den Kadaver hinter sich her. Die Wölfe folgten ihm Schritt für Schritt. Das tödliche Spiel würde sich so lange fortsetzen, bis nichts mehr übrig war, worum es sich lohnte zu kämpfen.

6

Es schneite leicht, als die Morgendämmerung grau über den Bergen heraufstieg. Umiak murmelte unzufrieden vor sich hin und warf ängstliche Blicke zum Himmel, aber Larsen war guten Mutes. Er hatte zwar großen Hunger, aber er wollte möglichst rasch aufbrechen. Die riesige Brandblase an seinem Bein war in der Nacht aufgesprungen. Er machte keinen Versuch, die abgestorbene Haut abzutrennen, sondern warf nur das schmutzige Moos und den alten Stoffstreifen weg und legte einen frischen Verband an.

Der improvisierte Schlitten lief gut über den windverwehten, gefrorenen Schnee. Umiak hatte einen Beutel kaltes Wasser auf die Unterseite des Schlittens gegossen und auf diese Weise eine schützende Eisschicht über das Aluminium gelegt. Sie hatten verabredet, daß sie den Schlitten immer gemeinsam ziehen würden. Larsen hatte ursprünglich vorgeschlagen, sie sollten sich abwechseln, aber Umiak wies darauf hin, daß es wohl kaum dasselbe war, ob man eine Stunde lang den Schlitten bergauf zog oder die gleiche Zeit in ebenem Gelände. Insgeheim fürchtete er auch, daß eine solche Abmachung zu erbittertem Feilschen um Sekunden führen könnte. Deshalb war er erleichtert, als Larsen einsah, daß ständiges gemeinsames Ziehen gerechter war.

Obwohl die Temperatur jetzt deutlich unter Null lag, empfand Larsen die trockene Kälte nicht als unangenehm. Auch der leichte Rückenwind, der sie begleitete, als sie sich bachabwärts in östlicher Richtung auf den Weg machten, störte ihn nicht. Zunächst ging es mühelos voran, aber dann änderte der Bach seine Richtung. Von jetzt an ging es nach Norden, und je weiter sie abstiegen, desto unebener wurde das Gelände.

Plötzlich öffnete sich ein weiter Kessel vor ihnen. Der Bach floß durch ein breites Hochmoor, in dem sich seit Jahrhunderten Schlamm, Humus und Sand abgesetzt hatten. Hohe Grasbüschel, die unter jedem Schritt nachgaben, ragten aus der ebenen Schneefläche, und dazwischen war der Schnee weich und tief. Bei jedem Schritt auf diesem trügerischen Untergrund konnte man straucheln, und beide Männer fielen mehrfach hin. Nach einer halben Stunde mühseligster Fortbewegung schlug Umiak vor, an den Rand des Moors auszuweichen und es weiter oben am Hang zu versuchen.

Um dorthin zu kommen, mußten sie allerdings ebenfalls noch ein gutes Stück durch die Grasbüschel stapfen. Ohne Wanderstöcke mußten sie jeden einzelnen Schritt vorsichtig ertasten. Wenn man ständig stolperte, riskierte man bald völlige Erschöpfung und womöglich noch eine Verstauchung. Sie kamen nur qualvoll langsam voran, und es wurde Larsen bald klar, daß seine unausgesprochene Hoffnung, täglich etwa zehn Meilen zurücklegen zu können, in solchem Gelände eine reine Illusion bleiben würde.

Von einer Geröllhalde weit oben im Tal hatte der Bär die beiden Männer beobachtet. Die Wölfe hatten ihm den größten Teil seiner Beute geraubt, und er war äußerst gereizt. Der Bär war schon alt, sein langer, zottiger Pelz war glanzlos und struppig, voller Knoten, Kletten und Schmutz. Seine Krallen waren stumpf vom Graben nach Erdhörnchen und Wurzeln, seine Zähne abgeschliffen vom Rindenschälen und Knochenabnagen. Aber seine mächtigen Kiefer konnten alles zermalmen, was er ins Maul bekam, und wenn er richtig in Fahrt war, konnte er immer noch ein flüchtendes Karibu einholen. Er hinkte allerdings, die linke Schulter sackte ab, was seine rollende Gangart noch unterstrich. Das war ein Andenken aus jener Zeit, als er Herrscher seines Berges, unumstrittener Herr über hundert Quadratmeilen Wildnis war. Er zählte damals fünf Sommer und wußte noch nichts von der Existenz des Menschen. Eines Spätherbstmorgens döste er in einem Beerendickicht vor sich hin und ließ sich die Sonne warm auf den Pelz scheinen. Da hörte er das leise metallische Klicken von genagelten Schuhen auf Stein.

Das Geräusch war von unten gekommen, und er erhob sich auf seine Hinterbeine, um besser sehen zu können, welches Tier es wagte, in sein Reich einzudringen. Das Wesen war groß, mit langen dünnen Beinen, es erinnerte ihn an ein Karibu, wie es auf ihn zukam. Doch gerade, als er erkannte, daß es kein Wild war, zuckte ein Blitz auf, ein Donnerschlag ertönte, und er erhielt einen heftigen Schlag gegen die Schulter. Unmittelbar danach verspürte er noch keinen Schmerz. Der sollte später kommen. Aber er sah und roch Blut, was ihn immer in Erregung versetzte, und der gleiche Zorn stieg in ihm auf, den er schon als winziges Bärenjunges verspürt hatte, wenn er bei einer Keilerei mit seinen Geschwistern den kürzeren gezogen hatte.

Der Knall des Jagdgewehrs hatte ihn veranlaßt, sich außer Sichtweite zu bringen. Als er jetzt seine ganze Kraft zusammennahm, um den Eindringling zu stellen, hörte er den Mann auf sich zukommen. Also wartete er und packte den Jäger von hinten.

Nur der Bär und der Wind, der über die Tundra strich, wußten genau, wie der Mann gestorben war. Die ihn suchten, fanden nur die Flinte mit halb abgenagtem Kolben. Sie fanden auch einige Kleidungsfetzen und gerade soviel vom Schädel mit einem Teil des Kiefers, um den Jäger aufgrund seiner Zähne identifizieren zu können. Von dem Bären keine Spur; der Suchtrupp hielt sich auch nicht allzu lange auf dem Berg auf. Besser mied man die Gegend für alle Zeit, als daß man einem Killer–Bären zwischen die Zähne geriet.

Zwölf lange Winter waren seitdem vergangen. Die Wunde des Bären war verheilt und die Erinnerung an den Schmerz in seiner Schulter lange schon ins Unterbewußtsein abgesunken, genau wie die Erinnerung an den Menschen. Nur das Hinken war geblieben, eine Angewohnheit, die ihm während der monatelangen Schmerzen das Gehen erleichtert hatte. Die Schulter war steif geworden, wo die Kugel sie durchschlagen hatte. Haß und Angst hatten sich im Laufe der Jahre mit der Erinnerung an einen tagelangen Festschmaus vermischt, als die Leiche des Jägers in der Hitze des Herbstsonne langsam verweste.

Alle diese vielfältigen Erinnerungen waren am Grab des toten Piloten wieder zum Leben erwacht. Jetzt hatte der Bär den Gipfel seiner Kraft überschritten. Andernfalls hätten es die Wölfe niemals gewagt, ihn herauszufordern. Wie auch immer, sie hatten im Kampf ums Überleben ein großes Risiko auf sich genommen.

Sobald die Männer außer Sicht waren, stieg der Bär den Abhang hinunter. Als erstes untersuchte er noch einmal den Grabhügel, aber es war lediglich ein leichter Verwesungsgeruch zurückgeblieben, der ihn nur noch gieriger machte. Er stöberte in der Umgebung des verlassenen Flugzeugs herum, aber auch dort gab es nichts, was ihn angezogen hätte. Leise brummend trottete der Bär hinunter zum Bach. Einzelne Schneeflocken fielen und blieben in seinem Pelz hängen, ohne zu schmelzen. Nur seine Schnauze und seine Augen blieben frei. Der Bär fand die Schneehuhnknochen und zerkaute sie innerhalb von Sekunden. Er fand den verschmutzten Moosverband von Larsens Wunde und schlang ihn hinunter. Immer mehr Schnee fiel und bedeckte sein Fell. Der Bär schüttelte sich und schlug den Weg am Bach entlang ein. Wie ein graues Gespenst folgte er der Spur der zwei Männer.

Nachdem sie das Sumpfgras hinter sich hatten, kamen Umiak und Larsen besser voran. Der Schnee unter ihren Füßen war wieder fester und so tief, daß nur noch die größeren Steine herausragten. Allerdings wehte auf dieser Seite des Tals auch der Wind sehr viel stärker, und bald spürten sie das scharfe Prickeln winziger Eispartikel in ihren Gesichtern. Rechts von ihnen stiegen wie Festungsmauern mächtige Felswände auf, von denen der Wind immer wieder Wolken von Treibschnee herabwehte. Der Himmel über ihnen war aschgrau.

Irgendwo vor ihnen allerdings mußte sich eine Lücke in diesen Mauern befinden. Stunde um Stunde waren sie jetzt schon nach Norden gegangen, und immer noch war hinter den dichten Schneeschleiern vor ihren Augen kein Ende des Tals zu erkennen.

Dann plötzlich öffnete sich rechter Hand eine schmale, sanft ansteigende Schlucht, die so aussah, als könnte sie aus dem Tal hinausführen. Ein winziges Rinnsal quälte sich durch windzerzaustes Gebüsch, während sich zu beiden Seiten lotrechte Felswände erhoben. Umiak betrachtete die enge Schlucht voller Mißtrauen. »Wahrscheinlich ist es nur ein toter Canyon, der nirgendwo hinführt«, murmelte er.

»Es gibt nur eine Möglichkeit, das festzustellen«, erwiderte Larsen. »Und da drin werden wir jedenfalls Rückenwind haben.«

Der Himmel hatte sich aufgehellt, und es fiel auch kein Schnee mehr, aber der Wind riß ständig winzige, spitze Eisnadeln von den Schneeflächen los und fegte sie den Männern ins Genick, als sie in das Seitental einbogen. Die Schlucht war so eng, daß sie wie ein Windkanal wirkte. Bald versperrten ihnen zackige Felsbarrieren den Weg. Mehrfach mußten sie den Bach überqueren oder sich vorsichtig an den Felswänden entlangtasten, wobei der Schlitten in eine gefährliche Schräglage geriet.

Zweimal blieb ihnen nichts anderes übrig, als ihn zu tragen. Schließlich brachen sie völlig erschöpft im Windschatten eines großen Felsen zusammen, um erst einmal wieder zu Atem zu kommen und für eine Weile dem kalten Wind zu entgehen.

»Als Kind habe ich mich oft gewundert«, sagte Larsen, »warum die Entdecker und Forschungsreisenden früherer Jahrhunderte meist nicht den kürzesten Rückweg eingeschlagen haben, sondern eher kreisförmige Routen zurücklegten. Ich glaube, jetzt weiß ich, warum. Sie waren einfach nicht bereit, die schrecklichen Hindernisse erneut anzugehen, die sie einmal überwunden hatten.«

»Wenn der Wind nicht nachläßt«, knurrte Umiak, »können wir sowieso nicht zurück. Außerdem müssen wir uns bald einen Platz für die Nacht suchen. Gehen wir weiter!«

Die Wunde an Larsens Bein pulsierte und brannte jetzt, und er hätte gerne den Verband gewechselt, aber Umiak spannte sich bereits das Zugseil des Schlittens über die Schulter. Also nahm Larsen seinen Platz neben ihm ein.

Der Weg wurde steiler. Vor ihnen lag eine Anhöhe, eingebettet zwischen den Felswänden des Tales. War das die Paßhöhe? Ging es danach wieder hinunter in ein anderes Tal? Nein, jedesmal, wenn sie eine Anhöhe erreicht hatten, stieg dahinter eine weitere auf. Jeder Schritt wurde zur Anstrengung, das Zugseil schnitt immer tiefer in Larsens Schulter, und irgendwann begann ihn der Hunger zu quälen. Wie lange hatte er jetzt schon nichts Richtiges mehr gegessen, fragte er sich. Es schien Jahre her zu sein, seit er das letzte Mal wirklich satt war.

Dann war der Weg plötzlich zu Ende. Sie saßen in einem kleinen Loch fest, von dem aus die Felswände an allen Seiten wie die Sitzreihen eines großen Amphitheaters aufstiegen. Entsetzt sahen die Männer sich um. »Aber irgendwo muß es doch einen Ausweg geben!« rief Larsen verzweifelt.

»Vielleicht«, sagte Umiak. »Aber jetzt können wir nicht danach Ausschau halten. Wir müssen Schutz für die Nacht suchen, und zwar möglichst rasch, denn es gibt eine Menge zu tun.«

Larsen fragte sich, wo Umiak in dieser Fels- und Schneewüste einen Unterschlupf finden wollte, der sie vor dem eisigen Wind schützte, aber Umiak machte sich unverdrossen auf die Suche, und bald rief er Larsen, ihm zwischen die Felsen zu folgen. Larsen stapfte ihm nach und zog den Schlitten dabei hinter sich her.

Die Stelle, die Umiak ausgesucht hatte, war nicht viel mehr als ein Riß im Felsen, etwa drei Fuß hoch und sechs Fuß tief. Ein steinerner Sarg ohne Deckel. Die Vertiefung war gerade breit genug, daß sie nebeneinander hineinpaßten. Sie bot etwas Schutz gegen den Wind, aber mehr auch nicht. »Ob der Schlitten da draufpaßt?« fragte Umiak zweifelnd.

Der Schlitten paßte tatsächlich, wenn er auch etwas schräg lag und links und rechts große Lücken blieben, die Umiak mit Moos und Schnee auszufüllen begann. »Holen Sie ein paar Zweige oder irgendwelches Gestrüpp, damit wir uns daraus ein Bett machen können«, sagte er zu Larsen. »Und falls Sie irgendwelche Beeren finden, bringen Sie sie auch mit.«

Im Windschatten der Felsen gab es zahlreiche Büsche. Ihre Äste waren nicht dick, aber so zäh, daß sich Larsen die Handgelenke und Finger zerkratzte, als er sie abzureißen versuchte. Er war froh, daß er ab und zu eine Pause einlegen und rote und blaue Beeren sammeln konnte. Obwohl Larsen soviele Zweige mitbrachte, wie er nur tragen konnte, war Umiak nicht zufrieden, und sie gingen noch einmal zusammen auf Suche. Ihr Unterschlupf war fast bis zum Rand mit Zweigen gefüllt, ehe Umiak sich hineinlegte und zufrieden auf- und abfederte. »Gut, gut«, sagte er lachend. »Heute nacht werden wir gut schlafen.«

Larsen hätte im Stehen einschlafen können, aber er war zugleich so hungrig, daß er fragte: »Und was sollen wir essen?«

Umiak lachte fröhlich: »Heute haben wir gleich zwei Sorten Beeren. Blaubeeren und Moosbeeren.«

»Und dazu Popcorn«, stöhnte Larsen. »Wie lange kann man eigentlich von Beeren leben?«

»Oh, sehr lange«, erwiderte Umiak. »Vorausgesetzt, man findet welche.«

»Aber jetzt, wo der Winter kommt, werden sie wohl bald alle weg sein, nicht wahr?«

»Nein«, sagte Umiak. »Die Wildnis ist anders, als Sie denken. Sie ist sehr großzügig. Wenn der Herbst lang und warm wäre, würden die Beeren überreif werden und schließlich in der Sonne verfaulen. Aber hier werden sie von der Kälte konserviert, und deshalb gibt es den ganzen Winter über Beeren. Sie bleiben frisch, und im Frühjahr sind sie saftiger und frischer als zuvor. Meine Leute wissen das und suchen dann danach. Leider wissen es die Bären aber auch, es ist die erste Nahrung, nach der sie suchen, wenn sie aus dem Winterschlaf erwachen. Beerenpflücken kann im Frühling daher etwas gefährlich werden. Aber Beeren sind gut für Menschen und Bären.«

»Aber man wird nicht sehr satt davon«, beschwerte sich Larsen. »Wir müssen doch schon ein paar Kilo gefuttert haben, aber ich bin immer noch genauso hungrig wie zu Anfang.«

»Am besten schmecken sie mit Fleisch und Fett«, räumte Umiak ein. »Ich werde noch ein paar Schlingen legen, ehe wir schlafengehen. Vielleicht haben wir Glück.«

Trotz seiner Müdigkeit und Umiaks gegenteiliger Voraussage schlief Larsen schlecht. Er fror, sein Bein schmerzte, und außerdem machte ihre Körperwärme Tausende von kleinen Stechfliegen lebendig, die in der Unterlage aus Zweigen versteckt gewesen waren. Umiak schlief wie ein Stein, aber Larsen döste nur unruhig vor sich hin. Er sah Steaks auf einem Grill brutzeln, goldbraunen Speck in einer Pfanne, Spiegeleier in einem Meer von duftendem Fett.

Gar nicht weit von den Männern entfernt schlief auch der Bär. Er war ebenfalls hungrig, und von Zeit zu Zeit hob er die Schnauze und prüfte die Nachtluft. Er witterte die Gegenwart der Menschen, die er zu fürchten gelernt hatte. Daneben aber war auch ein schwacher, süßlicher Geruch von Fäulnis und Verwesung in der Luft, die gleiche Witterung, die ihn zu dem Grabhügel beim Flugzeug geführt hatte.

Sein ganzes Leben lang hatte sich der Bär vor allem von

Pflanzen ernährt. Im Frühjahr von frischem Gras, Weidenrinde und den Wurzeln verkrüppelter Pappeln, im Sommer und Herbst, wenn die Vegetation am üppigsten war, von Beeren. Aber er hatte auch fast jeden Tag Fleisch gefressen: Mal waren es die Jungen eines bodenbrütenden Vogels gewesen, mal ein Eichhörnchen, Wühlmäuse, Lemminge oder ein Schneehase. Von Zeit zu Zeit war er auch auf ein krankes oder verletztes Karibu oder ein totes Jungtier gestoßen. So eine Beute war immer ein Festmahl, und je verwester der Kadaver schon war, desto besser schmeckte es ihm. Jetzt sagte ihm seine Nase, daß irgendwo in seiner Nähe ein verletzter Mensch liegen mußte. Aber der Bär wagte es noch lange nicht, sich dieser Beute zu nähern; statt dessen döste er vor sich hin, so sehr sein Magen auch knurrte.

7

Vielleicht gab es doch einen Ausweg. Es war kaum mehr als ein Spalt in der Felswand, ein Sprung in der großen Schüssel, in der sie die Nacht verbracht hatten. Steil stieg diese geröllbedeckte Rinne nach oben, über Felsterrassen und schmale Simse. Das obere Ende verlor sich im Nebel, der an den kahlen Berggipfeln klebte.

Die beiden Männer musterten diese Himmelsleiter voller Mißtrauen. Es war durchaus möglich, daß sie über kurz oder lang an einer unbezwinglichen Felswand endete, und den Schlitten konnte man auch nicht hinaufziehen. Sie würden ihn den ganzen Weg tragen müssen. Sie überlegten, ob sie den Aufstieg zunächst ohne diese Last angehen sollten, um den Weg zu erkunden, entschieden sich aber dagegen. Sie trugen den Schlitten zusammen.

Larsen glitt gleich am Anfang auf den eisbedeckten Felsen

aus, fiel und holte sich blaue Flecken. Daraufhin wühlte Umiak in den Sachen herum, die sie mitgebracht hatten, und zog die Überreste von den Hosen des toten Piloten heraus. Er schnitt davon lange Stoffstreifen ab, die sie sich um die Füße wickelten. Auf diese Weise hatten sie etwas besseren Halt auf dem Eis. Trotzdem war der Aufstieg noch mühsam genug. Sie konnten sich nie gemeinsam fortbewegen: Statt dessen mußte Larsen, wenn er einen Schritt nach oben geschafft hatte, den Schlitten halten, bis Umiak nachkam. Dann mußte Umiak das volle Gewicht des Schlittens auf sich nehmen, bis Larsen wieder festen Stand hatte. Trotz aller Vorsicht schlug der Schlitten manchmal gegen die Felsen, aber Umiaks improvisierte Verschnürungen hielten, und nichts ging verloren.

Nach einiger Zeit verlangte Umiak nach einer Rast. »Mir ist heiß«, sagte er.

»Das ist mal was Neues«, knurrte Larsen, der den steilen Aufstieg gern so schnell wie möglich hinter sich gebracht hätte.

»Nein«, sagte Umiak. »Wenn wir jetzt schwitzen, frieren wir später. Oben wird der Wind kalt sein.« Also hielten sie an, obwohl sich Larsen über den Aufenthalt ärgerte. Die nächtliche Erholung hatte seinem Bein gutgetan. Er hatte den Verband erneut gewechselt. Die Wunde war entzündet und sonderte reichlich Flüssigkeit ab, aber sie war klar und nicht eitrig. Er hätte die Wunde gern der frischen Luft ausgesetzt, damit sie Gelegenheit hatte zu trocknen und zu verschorfen, aber er fürchtete, die Kälte könnte den Schaden vergrößern. Außerdem schien der Verband die Schmerzen zu lindern.

Nach einer kurzen Pause machten sie weiter. Über ihnen heulte der Wind zwischen den Felsspitzen. Allmählich aber flachte der Aufstieg ab, und nach einer weiteren Stunde gelangten sie auf ein Hochplateau aus nackten Basaltfelsen. Der Wind überfiel sie wütend, zerrte an ihren Kleidern und riß sie fast von den Füßen. Die letzten Meter legten sie kriechend zurück.

Zu sehen war nichts. Eisiger Nebel zog an ihnen vorbei. Der Wind ließ die Augen brennen und nahm den beiden Männern den Atem. Dann riß der Nebel plötzlich auf und gab die Sicht frei. Weit unten war das silberglänzende Band eines Flusses zu sehen. Vor ihnen fielen die Felsen steil ab, und zur Linken führten die schwarzen, schneebestäubten Felsen ebenfalls steil in die Tiefe. Lediglich nach Süden fiel die Flanke des Berges sanft ab. Nach dem steilen Aufstieg am Morgen war der Abstieg relativ einfach. Aber sie hatten gesehen, daß im Osten immer neue Bergketten lagen, die überquert werden mußten. Eine endlose Eis- und Schneewüste mit mächtigen schwarzen Felswänden und kahlen Hochflächen dazwischen. Larsen gab es bald auf, über ihr weiteres Schicksal nachzudenken, und stapfte einfach immer weiter. Die Anstrengung war immer noch erträglicher als untätiges Warten. Zumindest hatte der Wind sich gelegt, und die Wolkendecke war dünner geworden, so daß ab und zu eine blasse Sonne hindurchscheinen konnte. Einmal streckte Umiak die Hand aus und zeigte auf etwas. Erst konnte Larsen nichts Besonderes sehen, nur die kahle Fläche des Berghangs mit Felsen und Schneewehen. Aber dann löste sich ein heller Fleck aus einer Schneewehe und noch einer, und Larsen erkannte, daß es Wildschafe waren. Er zuckte die Achseln. Ohne ein Gewehr waren die Schafe genauso unerreichbar wie auf dem Mond.

Ihr Anblick erinnerte Larsen allerdings wieder an seinen Hunger. Am Morgen waren in ihren Schlingen keine Schneehühner gewesen, und sogar das Popcorn ging allmählich dem Ende entgegen. Larsens Körper verlangte dringend nach Fleisch. Schon beim bloßen Gedanken daran lief ihm der Speichel im Mund zusammen, und sein Magen zog sich zu einem schmerzhaften Knoten zusammen, der ihm den Atem raubte. Er sollte diese Hungerkrämpfe in den nächsten Tagen immer öfter erleben.

Als sie den Fluß schließlich erreichten, zeigte sich, daß er eine reißende Strömung hatte. Das Wasser war flach, aber nirgends so schmal, daß sie darüber hätten hinwegspringen können. Hindurchwaten mochten sie allerdings auch nicht, und so wandten sie sich flußaufwärts, in der Hoffnung, dort eine Stelle zu finden, an der sie trockenen Fußes auf die andere Seite kommen konnten. Ein schwarzer Felsen, der hinter einer Flußbiegung auf einer Kiesbank am Ufer lag, erhob sich plötzlich und flog mit schweren Flügelschlägen davon. Larsen sah dem großen Adler staunend nach, aber Umiak ließ das Zugseil des Schlittens fallen und rannte hinunter zum Wasser.

Dort lagen die Überreste eines Lachses. Der Adler hatte schon etwa ein Drittel des Fisches gefressen, aber es waren noch mehrere Pfund rosa Fleisch übrig. Die beiden Männer starrten es voller Gier an. Larsen rannte zum Schlitten zurück und holte den Brennstoff und ihren Ofen. Umiak suchte eine sandige Stelle, hob eine kleine Grube aus und legte sie mit einem Gefrierbeutel aus. Bald stieg ein unwiderstehlicher Duft aus dem heißen Wasser auf, in dem die Lachsstücke gar wurden.

Der Fisch hatte bereits gelaicht und war nicht mehr besonders schmackhaft. Aber das Fleisch war heiß und nahrhaft, und sie aßen alles auf. Das heißt, nach einiger Zeit aß nur Umiak noch. Larsen verspürte nämlich bald ein unangenehmes Völlegefühl, und beim Anblick des Gefährten, der ein dampfendes Stück Fisch nach dem anderen verzehrte, stieg Übelkeit in ihm auf. Er fürchtete, alles wieder von sich geben zu müssen, was er an Eßbarem in sich hatte. Er wollte vorschlagen, etwas von dem Fleisch für später aufzuheben, aber die Vorstellung, kalten Fisch zu essen, widerte ihn an, und Umiak schien ohnehin keine derartigen Absichten zu haben.

Er rückte etwas ab, so daß er den Fisch weder sah noch roch. Zu seiner Übelkeit kam noch Scham und Selbstverachtung darüber, daß er sich zu einem Aasfresser erniedrigt hatte, zu einem Aasgeier, der fraß, was ein anderer Aasgeier übriggelassen hatte. War dies die natürliche Rolle des Menschen in der Wildnis, fragte er sich, auf gleicher Stufe zu stehen mit dem Schakal, der Hyäne und dem Bussard? Er erinnerte sich, gelesen zu haben, daß früher die Pelzjäger gezwungen waren, »Krähen zu essen«, wenn sie sich zu lange in der Wildnis aufgehalten hatten und vom Wintereinbruch überrascht wurden, so daß sie in ihren Kanus nicht mehr auf den zugefrorenen Wasserwegen fahren konnten; das heißt, sie mußten sich demütigen, sich erniedrigen. Seit damals verband man mit diesem Ausdruck das Eingeständnis von Schuld oder Irrtum. Er brauchte sich jedoch nicht den Vorwurf zu machen, seine mißliche Lage selbst verschuldet zu haben, und es war nichts Verwerfliches daran, wenn ein Mensch versuchte, sich, so gut es ging, durchs Leben zu schlagen. Solcherart beruhigt und eingelullt vom Rauschen des Baches zu seinen Füßen, schlief er ein.

Wieder wurde der Menschengeruch stärker. Vorsichtig näherte sich der Bär der Felsspalte, in der die beiden Männer die Nacht verbracht hatten. Die Scheu des Bären vor Menschen war immer noch stark, obwohl er sich allmählich an sie gewöhnte. Eine plötzliche Bewegung oder plötzlicher Lärm hätten ihn wohl auch jetzt noch in panische Furcht versetzt und eine rasche Flucht ausgelöst, aber nichts dergleichen erfolgte.

Mit erstaunlicher Gelassenheit glitt der Bär in die Felsspalte. Er suchte in allen Winkeln nach etwas Eßbarem, aber als er feststellte, daß nichts zurückgeblieben war, rollte er sich auf dem verlassenen Lager der Männer zusammen und schlief.

Am Nachmittag weckte ihn der Hunger. In der schmalen Rinne, die aus dem Tal herausführte, war der Menschengeruch wieder sehr stark, und der Bär beschleunigte seine Schritte. Oben auf dem Basaltplateau verlor er die Spur eine Zeitlang, aber auf dem hinunterführenden Bergkamm fand er sie rasch wieder. Er lief flußaufwärts, hielt kurze Zeit inne, als er die Fischgräten fand, und trottete dann weiter bis zu der Stelle, wo eine Reihe von Trittsteinen das Überqueren des Flußes erlaubte. Er folgte Larsen und Umiak auf die andere Seite. Am gegenüberliegenden Ufer hielt ihn ein Erdhörnchen zum Narren, bis es beinahe dunkel war. Erde und Steine flogen in allen Richtungen, als der Bär versuchte, es auszugraben. Schließlich starb es, in die Enge getrieben, ganz schnell und schmerzlos und war doch für den Bären nichts weiter als ein Appetithäppchen.

Frischgefallener Schnee bedeckte jetzt die Spuren der Männer. Aber das war dem Bären egal. Seine Nase war so fein, daß er ein

Erdhörnchen auch dann noch aufspüren konnte, wenn es sich unter meterhohem Schnee versteckt hatte. Und die Geburt eines Karibukalbes witterte er eine Meile gegen den Wind. Die Hosen des toten Piloten trugen einen schwachen, aber unverkennbaren Verwesungsgeruch, und als Umiak daraus einen Gleitschutz für ihre Stiefel gemacht hatte, legte er eine Spur für den Bären, der dieser auch nach einer Woche noch hätte folgen können. Wenn ihn nichts ablenkte, würde der Bär den beiden Männern, die so faszinierend nach Aas rochen, überallhin folgen.

Der Schnee fiel immer dichter und setzte sich im Fell des Bären fest. Anfangs hatte seine Körperwärme den Schnee noch geschmolzen. Die Feuchtigkeit war an den langen Deckhaaren auf seinen Flanken nach unten gelaufen; dort war sie dann wieder gefroren und bildete nun lange, dünne Eiszapfen, die bei jedem Schritt leise klingelten. Als das Tageslicht verschwand, verschmolz der Bär mit der Dunkelheit, ein Geisterwesen, eins mit der schneebedeckten Landschaft und der gnadenlosen arktischen Nacht.

Ein paar Meilen weiter südöstlich bereiteten sich Umiak und Larsen auf eine lange, unbehagliche Nacht vor. Zum Schutz vor der Kälte hatten sie diesmal nur einen überhängenden Felsen in einem schmalen Paß zwischen den Bergen gefunden. Das Abendessen war ausgefallen, und jetzt lehnten sie – wie Umiak vorgeschlagen hatte – Rücken an Rücken, wobei sie den Teppichboden aus dem Flugzeug und die Polsterung der Sitze benutzten, um sich zu wärmen.

Sie konnten beide nicht schlafen. Das Schneetreiben legte sich, und plötzlich standen weiße Sterne am nachtblauen Himmel, die allerdings nach und nach wieder verblaßten, weil sich immer heller werdende grüne und weiße Lichtbänder über den Nachthimmel zogen, die gegenüberliegenden Berge beleuchteten und sie in ein sanftes, durchscheinendes Licht tauchten. Trotz seiner mißlichen Lage genoß Larsen den Anblick des Schauspiels. »Verfrühtes Julifeuerwerk«, murmelte er.

»Geistertänzer«, sagte Umiak. »Nordlicht. Mein Volk hat früher geglaubt, das seien die Geister der Toten. Heute erzählt man uns, es handle sich um einen elektromagnetischen Sturm in der oberen Atmosphäre, aber das vermindert weder seine Schönheit noch sein Geheimnis.« Er rückte ein Stück zur Seite. »Dieser Paß hier führt uns zu weit nach Süden. Wir müssen versuchen, wieder mehr nach Nordosten zu gehen, sonst geraten wir zu weit in die Berge.«

»Woher wissen Sie das?« fragte Larsen.

»Weil das Nordlicht um diese Zeit immer im rechten Winkel zum Pol steht.«

Larsen dachte amüsiert eine Weile darüber nach. Die Tatsache, daß die farbigen Lichtbänder die Geister seiner Ahnen sein sollten, schien Umiak nicht daran zu hindern, sie auch ganz prosaisch zur Ortsbestimmung zu nutzen. Mit zunehmender Kälte schwand Larsens Fröhlichkeit wieder. Wenn sie nur besser ausgerüstet wären, wie anders wäre ihre Lage! Er konnte sich gut vorstellen, daß er sich dabei sogar wohlfühlen würde. Unweigerlich mußte er wieder an das vor ihnen liegende, unbekannte Terrain denken. »Wenn wir bloß ein Schneemobil hätten«, murmelte er, mehr zu sich selbst als zu seinem Gefährten.

»Diese Prachtdinger«, sagte Umiak höhnisch. »Die sind hier in den Bergen vollkommen nutzlos. Auf ebenem Untergrund sind sie vielleicht ganz in Ordnung, aber selbst da sind sie mehr in der Werkstatt als draußen im Einsatz. Hundeschlitten sind zehnmal besser. Wenn ein Hund mal verletzt oder tot ist, kann man ihn immer noch essen oder an die anderen Hunde verfüttern. Ein Schneemobil kann man nicht essen.«

Larsen ärgerte sich über diese pauschale Ablehnung westlicher Technik. »Wenn Schneemobile so untauglich sind, warum kaufen dann Ihre Stammesgenossen so viele?«

»Warum hat Ihr Volk das Pferd des Autos wegen abgeschafft? Wenn sie funktionieren, kommen Schneemobile ja schneller vorwärts als Hunde, sie fahren auch weiter. Wenn man zum Einkaufen fährt oder zum Flughafen, um die Post abzuholen, oder wenn man den Müll wegfahren will, ist ein Schneemobil ganz bequem. Hunde bedeuten durchaus Schwierigkeiten. Sie raufen, rennen weg, stehlen einem das Essen. Sie machen unterwegs eine Menge Arbeit. Sie müssen gefüttert werden, ob man arbeitet oder nicht. Wenn man das Schneemobil nicht braucht, stellt man es weg und vergißt es. Früher waren wir sehr davon angetan, Schneemobile zu kaufen, denn wir mußten arbeiten gehen und Dollars verdienen, anstatt zuhause zu bleiben und zu fischen und zu jagen, damit wir Nahrung für unsere Hunde hatten. Man braucht eine Menge Fleisch, um ein Hundegespann zu ernähren, und die Leute haben gehofft, mit Hilfe der Schneemobile könnte man die Karibuherden und Fischbestände schonen. Eine Zeitlang hat das auch funktioniert, aber jetzt kehren viele Leute schon wieder zu den Hundeschlitten zurück.«

»Wie weit würden wir denn mit einem Hundegespann am Tag kommen?« fragte Larsen.

»Das hängt vom Wetter ab und vom Gelände. Fünfzig bis hundert Meilen am Tag, würde ich sagen. Je nachdem, wie gut das Gespann ist und wie hart man sie antreibt.«

Larsen seufzte. Also könnten sie all diese Strapazen in zwei Tagen hinter sich haben! Zu Fuß waren sie bisher ungefähr zwanzig Meilen vorangekommen, und den größten Teil davon in der falschen Richtung. Er fragte sich, wie lange sie die Kälte und den zunehmenden Hunger wohl noch würden aushalten können. Ihm war deutlich bewußt, daß ihnen jederzeit etwas zustoßen konnte, daß ein Wetterumschwung sie wie in einer Falle gefangenhalten konnte, bis sie starben. Er merkte, daß er jegliche Hoffnung auf eine baldige Rettung aufgegeben hatte.

Umiak schien seine Gedanken erraten zu haben, denn er sagte: »Nur die Gegenwart zählt. Die Zukunft und die Vergangenheit existieren nicht.«

Umiaks Worte klangen verdächtig nach östlicher Weisheit, und einmal mehr wurde sich Larsen bewußt, daß er an einem Ort war, wo sich Ost und West trafen, wo die Geister der Toten den Weg in eine Zukunft wiesen, die gefährlich und ungewiß war.

Das Schauspiel am Himmel verblaßte allmählich. Die Sterne wurden wieder heller, und die Gipfel der Berge verschwanden im Dunkel. Ein plötzliches Geräusch in der Stille der Nacht versetzte die Männer in jähe Alarmbereitschaft. Dann hörten sie es noch einmal: das schwache, aber unverkennbare Klappern eines einzelnen Steins, irgendwo in der Nähe. Larsen spürte, daß Umiak sich aufrichtete. Er lauschte hinaus in die Nacht, doch er hörte nur das Hämmern seines eigenen Herzens.

Erneut klapperte es, diesmal noch näher. Irgend etwas bewegte sich oberhalb von ihnen über den Abhang. Und dann hörten sie außer dem Klappern noch ein leises, dumpfes, vibrierendes Stöhnen. Umiak begann zu zittern, und Larsen spürte, daß seine eigenen Hände trotz der Kälte feucht wurden.

»Was ist das?« fragte er leise.

»Ein Bär, glaube ich.« Umiak schluckte. »Hören Sie – wenn ich das Signal gebe, aber nicht vorher, schreien Sie, so laut und so lange Sie können!«

Larsen wartete. Lange Sekunden vergingen, jede von ihnen eine kleine Ewigkeit. Das Schweigen war tiefer und bedrohlicher als alles, was Larsen bisher erlebt hatte. Er spürte, wie sich sein Magen zusammenkrampfte vor Furcht.

Es erfolgte keine weitere Warnung. Beide Männer sahen den Bären gleichzeitig. Das Tier näherte sich ihnen von der Seite, und sein mächtiger Rumpf ragte wie ein Felsblock vor ihnen auf. »Jetzt!« flüsterte Umiak, und sie begannen beide aus Leibeskräften zu schreien.

Eben noch hatten sie den Bären vor sich gesehen, und im nächsten Augenblick schon war er lautlos verschwunden. Aber es gab keinerlei Hinweis darauf, wie weit er geflüchtet war und wann er zurückkehren würde. Die Minuten vergingen, und Larsen bemerkte, daß Umiak aufgehört hatte zu zittern. Er war froh darüber; die offensichtliche Angst des anderen hatte ihn sehr beunruhigt. Es paßte so gar nicht zu dem, was er sonst von Umiak wußte.

Larsen hatte das Gefühl, er müßte mehr darüber erfahren. »Ich hoffe, es kränkt Sie nicht«, sagte er, »aber ich hatte das Gefühl, daß Sie eben ziemliche Angst hatten.«

Umiak sprach leise, aber vollkommen ruhig. »Ich weiß, was passieren kann, wenn ein Bär einen Menschen anfällt. Als ich noch ein Kind war, habe ich meinen Bruder auf diese Weise verloren. Sie spielen mit ihrer Beute, wissen Sie? Sie fressen ihre Opfer bei lebendigem Leibe. Anscheinend haben sie nie gelernt, sauber zu töten, oder sie wollen es nicht. Manchmal beißen sie einen, damit man noch lauter schreit, während sie einen zerfleischen...«

»Ach, ich glaube, so genau will ich das lieber nicht wissen«, sagte Larsen hastig. »Es muß Sie ja halb verrückt gemacht haben, dazusitzen und das alles zu wissen.«

»Was hätte ich sonst tun sollen?« fragte Umiak ruhig.

»Glauben Sie, daß er zurückkommt?«

Umiak überlegte einen Moment.

»Heute nacht nicht mehr«, sagte er schließlich. »Er hat sich wahrscheinlich ziemlich erschreckt. Ich glaube, er dachte, wir wären schon tot.«

»So wie unser Pilot«, grübelte Larsen. »Es ist also derselbe Bär«, fügte er mehr für sich selbst hinzu.

»Derselbe«, wiederholte Umiak. »Ein Bär mit Appetit auf Menschenfleisch.«

8

Trotz der Angst, trotz der Kälte, des Hungers und des harten Lagers vermochte Larsen einige Stunden zu schlafen. Als er aufwachte, hörte er Donnergrollen, und als er die Augen öffnete, fand er sich von schwarzen Wolken und zuckenden Blitzen umgeben.

In dieser Situation aufzubrechen, schien völliger Wahnsinn, aber keiner der beiden Männer mochte auch nur eine Stunde länger an einer Stelle bleiben, die bald zum felsigen Grab für sie werden konnte. Ihre Vorbereitungen nahmen nicht viel Zeit in Anspruch. Sie aßen das letzte Popcorn und die letzten verbliebenen Beeren, schmolzen sich ein wenig Schnee, um etwas Warmes zu trinken zu haben. Sie wärmten sich an den letzten Flammen ihres Öfchens und brachen dann in das düstere Morgenlicht auf. Immer noch dröhnte und grollte der Donner, und die Berggipfel hoch über ihnen wurden von Blitzen erhellt.

Schweigend stapften sie vorwärts. Je weiter sie aufstiegen, desto tiefer sanken sie im Schnee ein. Bald klebte er an den Stiefeln. Auch der Schlitten schien immer schwerer zu werden. Larsen fühlte sich schwach, ihm war schwindlig. In seinem Bein pochte ein scharfer Schmerz, der bei jedem Schritt bis zum Knie und von dort bis zur Hüfte hinaufschoß. Er hatte am Morgen den Verband nicht gewechselt, weil er auf dem steinigen Abhang, wo sie gerastet hatten, kein Moos entdeckt hatte.

Vergeblich suchten sie nach einem Ausweg in nördlicher oder nordöstlicher Richtung. Nur einmal fanden sie eine schmale Rinne, die – so schien es – auf einen Sattel zwischen zwei Gipfeln hinaufführte. Sie zögerten, gingen dann aber doch weiter nach Süden, weil sie hofften, einen einfacheren Weg zu finden. Aber sie hatten kein Glück. Eine Stunde später standen sie vor einem unüberwindlichen Gletscher. Bis zu einer Höhe von einer Meile konnten sie ihn überblicken, dann verschwand er im Nebel, eine gewaltige graue Eismasse voller Felsbrocken, Risse und Spalten. Bei näherem Hinsehen waren tiefe Klüfte erkennbar, die an den Drucklinien entlangliefen. Ohne Eispickel und Seile war es unmöglich, den Gletscher zu überqueren, geschweige denn den Schlitten hinüberzubringen. Es blieb ihnen nichts anderes übrig, als umzukehren und die schmale Rinne zu erklimmen, an der sie vorher vorübergekommen waren.

Zweimal waren sie kurz davor aufzugeben. Immer wieder mußten sie den Schlitten auf die Seite kippen, um ihn an vorspringenden Felsen vorbeizuziehen, die den Weg versperrten. Diesmal ging Umiak vorn, während Larsen von hinten nachschob und dabei versuchte, sein verletztes Bein ein bißchen zu schonen. Trotz der Kälte schwitzte er heftig. Jeder Schritt war von der Sorge begleitet, daß er ausrutschen und hinfallen könnte. Und im Hintergrund lauerte die Angst vor dem Bären, der sich immer näher heranwagte, je mehr der Hunger ihn quälte.

Als sie endlich oben waren, merkte Larsen kaum, daß sie es geschafft hatten. Mit dem Gesicht nach unten lag er auf dem gefrorenen Boden. Kalte Luft rasselte in seinen Lungen, und sein Atem war heftig und laut. Nach einiger Zeit hatte er sich genügend erholt, um sich aufzurichten. Zu seinem Entsetzen stellte er fest, daß Umiak fort war. Er wollte nach ihm rufen, aber da hörte er klappernde Steine, und sein Begleiter erschien wieder. Er sah besorgt aus.

»Vor uns ist eine Felsspalte«, sagte er vorsichtig. »Sie ist nicht sehr breit, aber ...«

»Aber was?« fragte Larsen.

»Aber sehr tief. Wenn wir es nicht schaffen, drüberzuspringen, sind wir erledigt.«

Larsen konnte nur staunen über die gewaltigen Kräfte, die das Plateau, auf dem sie standen, aufgesprengt haben mußten. Der Weg endete an einer messerscharfen Kante. Sie standen am Rand eines Abgrunds, der sich rechts und links von ihnen verbreiterte. Die Felsplatte auf der anderen Seite schien nahe genug, aber die Kante dort lag ungefähr einen Fuß höher als die, auf der sie sich befanden. Wie tief es dazwischen hinunterging, war nicht zu erkennen. Je länger Larsen die Spalte anstarrte, desto breiter schien sie zu werden.

Zunächst versuchten sie, den Abgrund zu überbrücken, aber der Schlitten war um weniges zu kurz, und beinahe hätten sie all ihre Besitztümer verloren. Dann ergriff Umiak plötzlich ohne jede Vorwarnung das Zugseil und sprang.

Er überwand den Abgrund knapp und landete geschmeidig auf der anderen Seite. Dann wandte er sich um und wartete. Larsen schob den Schlitten so weit hinaus, wie er nur konnte, und als er drohte, das Gleichgewicht zu verlieren, zog Umiak von der anderen Seite am Seil, bis der Schlitten dort wieder auflag. Jetzt duckte sich Larsen zum Sprung.

Aber dann hielt er inne. Wenn er mit dem verletzten Bein absprang, riskierte er, daß er nicht weit genug kam. Wenn er mit dem gesunden Bein absprang, riskierte er, mit dem verletzten Bein aufzutreffen und sich wehzutun.

Er zögerte also, und je länger er zögerte, desto breiter wurde der Abgrund. Er wollte Umiak bitten, ihm das Zugseil herüberzuwerfen, als dieser plötzlich voller Entsetzen die Augen aufriß. »Los, springen Sie, Larsen!« brüllte er. »Der Bär kommt!«

Larsen sprang und gelangte mühelos über die Spalte. Sicher landete er neben Umiak auf der gegenüberliegenden Felsplatte. Sofort wandte er sich um, weil er sehen wollte, was der Bär machte. Zu seiner Überraschung war auf der anderen Seite nichts außer den nackten Felsen und ein paar Wolken zu sehen. Und dann hörte er Umiak lachen.

Erst jetzt begriff er. Umiak hatte offensichtlich geglaubt, er würde sich nicht dazu aufraffen können, über den Abgrund zu springen, und hatte einen Trick angewandt. Er hatte darauf gesetzt, Larsens Furcht vor dem Bären werde sich als stärker erweisen als die Angst vor dem Abgrund, und er hatte recht behalten damit.

Larsen war nicht jähzornig und neigte auch nicht zur Gewalttätigkeit. Als er in die Army eingetreten war, hatte er ernsthaft daran gezweifelt, ob er einen Menschen im Nahkampf würde töten können, auch wenn es sein Feind war. Er mußte erfahren, daß er es konnte.

Seine Einheit jagte ein paar versprengte Guerillas, die aus ihrem Versteck im Dschungel aufgescheucht worden waren. Dabei wurde sein bester Freund von einer verirrten Kugel getroffen. Es war keine schlimme Verwundung, die Kugel streifte die Wange des Mannes, zerschnitt die Riemen seines Stahlhelms und verursachte eine Platzwunde, die bis auf die Knochen ging. Als die Kopfbedeckung zur Seite rutschte, sah Larsen, wie ein Hautfetzen aus dem Gesicht wegflog und sich gleichzeitig der weiße Knochen rot färbte. Als der Mann hinfiel, sah es aus, als spalte ein sinnloses Grinsen sein Gesicht vom Mund zum Ohr. Larsen packte besinnungslose Wut. Er stürzte nach vorn und feuerte in das Gebüsch, aus dem der Schuß gekommen war. Ein Aufschrei, der Vietkong kam heraus, noch ein Kind, seine unbewaffneten Hände hoch erhoben, auf dem Gesicht ein Lächeln aus Angst und unterwürfigem Flehen. Larsen hatte weiter gefeuert, bis sein Magazin leer war. In diesem Augenblick erkannte er schlagartig die Dummheit und Sinnlosigkeit des Ganzen. Angewidert von sich selbst, hatte er das Gewehr weggeworfen.

Jetzt hatte Umiak die gleiche Wut in ihm heraufbeschworen. Haß auf die abwegigen Methoden dieses Mannes überfiel ihn, Haß auf seine eigene Schwäche und Unfähigkeit und auf die Tatsache, daß Umiak seit dem Flugzeugabsturz ganz offensichtlich die führende Rolle in ihrer Partnerschaft hatte. Umiaks Gelächter erschien ihm wie ein Schlag ins Gesicht. Er stieß ein heiseres Bellen aus und sprang den anderen an.

Umiak sah den Angriff kommen, aber er war nicht fähig, den Schlag abzufangen. Beide Männer stürzten schwer auf die Felsen. Larsen lag oben, und seine Hände schlossen sich um Umiaks Kehle. Umiaks Fäuste schossen zwischen Larsens Armen nach oben und landeten wie zwei Hämmer auf dem Kinn seines Gegners. Als dessen Kopf nach hinten flog, riß Umiak die Arme auseinander und sprengte auf diese Weise den Würgegriff Larsens.

Während Umiak mühsam aufstand, stürzte sich Larsen zum zweiten Mal auf ihn. Diesmal zielte er mit gesenktem Kopf auf Umiaks Magen. Umiak riß das Knie hoch und hörte, wie Larsen keuchte, als es ihn auf den Brustkasten traf. Aber dann rollten sie schon wieder auf den Felsen. Larsen hielt Umiaks Hüften umklammert, und jede Bewegung brachte sie näher an den tödlichen Abgrund.

Obwohl er sehr schlank war, hatte Umiak viel von der Zähigkeit der Lederriemen, die er sein Leben lang hatte ziehen müssen. Außerdem war Ringen die Lieblingssportart seines Volkes. Mit zusammengebissenen Zähnen drehte sich Umiak in Larsens Griff herum, quälte sich erst auf die Knie und dann auf die Füße. Er warf Larsen mit einem Hebegriff über die Hüfte und schleuderte ihn auf den Boden. Larsen mußte ihn loslassen.

Als Umiak zurücktrat, rutschte plötzlich der Revolver aus seiner Brusttasche und fiel zwischen sie auf die Felsen. Larsen, der sich mühsam aufgerichtet hatte, warf einen stumpfen Blick auf die Waffe, deren schwarze Mündung genau auf ihn zeigte. Noch vor einer Minute, auf dem Höhepunkt seiner Wut, hätte er sie womöglich gepackt und geschossen. Jetzt sah er nur reglos zu, wie Umiak den Revolver aufhob und wieder in seiner Tasche verstaute.

Statt dessen zog Larsen sein Hosenbein hoch und wickelte den Verband ab, der seine Wunde bedeckte. Es war eine Geste der Unterwerfung. Er gab zu, daß er besiegt worden war. Umiak sah gleichmütig zu, wie Larsen die nässende Wunde freilegte und dann eine Handvoll Schnee daraufpreßte, um sie zu kühlen. Erst stöhnte er wegen der Kälte, dann entspannte er sich, als der Schmerz nachließ. Erleichtert schloß Larsen die Augen. Als er sie wieder öffnete, stand Umiak neben ihm und hielt ihm frische Verbandsstreifen und einen Beutel mit Moos hin, das er offenbar auf dem Schlitten mitgebracht hatte.

Es war ein Friedensangebot, und Larsen fühlte sich eigentümlich getröstet. Es war unwahrscheinlich, daß ihm jemand eine Kugel in den Kopf schießen würde, der daran gedacht hatte, Moos für ihn mitzunehmen. Andererseits spürte Larsen aber auch wieder seine Unfähigkeit, denn er hätte sich ja genausogut selbst darum kümmern können.

Sein Bein war in schlechtem Zustand. Die Wade war vom Knie bis zum Knöchel entzündet. Wo die Brandblase gewesen war, sah man das rohe, nässende Fleisch, und in der Mitte hatte sich Eiter gebildet. Larsen konnte nichts weiter tun, als die Wunde frisch zu verbinden und zu hoffen, daß das Bein die Anstrengung aushielt.

Umiak musterte den anderen skeptisch. Larsen stand offensichtlich kurz vor dem Zusammenbruch und bedurfte dringend der Pflege. Umiak seufzte und sah sich um. Dunkle Wolken umkränzten die Berggipfel. Ehe die Sonne nicht wieder zum Vorschein kam, gab es keine Möglichkeit, sich zu orientieren. Bis dahin konnten sie getrost eine Rast einlegen.

»Sind Sie ein guter Schütze?« fragte Larsen unvermittelt.

Umiak zuckte die Achseln. »Auf hundert Schritt treffe ich eine Robbe ins Auge.« Es war eine Feststellung, keine Angeberei. »Aber natürlich nur mit einem Gewehr. Revolver sind für die kurze Distanz.«

»Zum Beispiel, wenn man einen Bären abwehren will«, sagte Larsen.

Umiak schüttelte sich. »Ich hoffe, daß es nie so weit kommt. Dieser Revolver hier könnte einen Bären nicht aufhalten. Die Schüsse würden ihn nicht daran hindern, uns zu töten, sondern nur noch wütender machen. Es wäre besser, sich selbst damit zu erschießen.«

Larsen überlegte eine Weile. »Na ja«, sagte er schließlich, »hoffentlich treffen Sie, wenn Sie etwas finden, auf das zu schießen sich lohnt. Ich selbst bin nie sehr gut im Umgang mit Handfeuerwaffen gewesen.«

Das war ein Zeichen der Unterwerfung, dachte Umiak, zumindest des Einverständnisses, daß er die Waffe in der Hand hielt. Wenn die Zeit gekommen war, hoffte er, das Vertrauen des anderen nicht zu enttäuschen.

Im übrigen fand er, daß sich die Dinge durchaus befriedigend geklärt hatten.

Langsam wurde er schläfrig. Neben ihm saß Larsen mit geschlossenen Augen an den Felsen gelehnt, das Kinn auf der Brust.

Umiak stand auf und begann, ihr Bettzeug vom Schlitten zu schnallen. Nach der durchwachten Nacht konnten sie beide etwas Ruhe gebrauchen.

Larsen erwachte mit einem Ruck, erhob sich steifbeinig und

hinkte zu Umiak, um ihm zu helfen. »Ich dachte, Reisende, die in der Kälte einschlafen, wachen nie wieder auf«, bemerkte er.

Umiak lachte. »Meine Leute sind schon über zehntausend Jahre lang hier überall eingeschlafen. Die meisten von ihnen sind am Ende wieder aufgewacht. Wir werden schlafen, bis es aufklart.«

»Und was ist mit dem Bären?« fragte Larsen.

Umiak warf einen Blick zurück. »Keine Sorge«, sagte er. »Der kommt nicht über den Abgrund. Bären können nicht springen.«

Am Nachmittag wurde Larsen von Hungerkrämpfen geweckt. Der Himmel hatte sich aufgehellt, aber immer noch fegte der arktische Wind durch die Felsen. Irgendwo hinter den Bergen stand noch ein Abglanz der Sonne, und die Schneefelder schimmerten rötlich. Larsen ließ Umiak weiterschlafen, kroch unter dem Teppich hervor, den sie als Decke benutzten, und machte sich auf den Weg zur nächsten Anhöhe. Von diesem Gipfel aus hoffte er die Landschaft überblicken zu können, die sie umgab.

Larsen fühlte sich frischer, mußte aber feststellen, daß er bei der Rauferei mit Umiak ein paar schmerzhafte Prellungen davongetragen hatte. Entweder war der Bursche unglaublich zäh, oder er selbst verweichlichte allmählich. Er hätte während der letzten Jahre mehr Zeit auf dem Sportplatz verbringen sollen und weniger damit, sich in der Bar Whisky hinter die Binde zu gießen. Trotzdem fühlte sich Larsen eigentümlich geläutert. Seine Verbitterung und seine Wut waren gänzlich verschwunden, und wie es schien, war auch Umiak nicht nachtragend.

Larsen erreichte die Anhöhe, und eine phantastische Aussicht tat sich vor ihm auf. Er stand auf einer steil abfallenden Felskante, vor ihm ging es an die tausend Fuß senkrecht hinunter. Soweit das Auge reichte, waren Berge zu sehen, Gipfel an Gipfel, bis in die dunstige Ferne. Dazwischen lag eine durch das Silberband von Bächen und Flüssen miteinander verbundene Kette von Seen, die im kalten arktischen Licht glänzten. An den Hängen der Berge lagerten riesige Schneefelder, die der unaufhörliche Wind angeweht hatte. Ansonsten war das Land braun, kahl und trocken. Nur in den Niederungen rings um die Seen waren grüngoldene Tundraflecken zu sehen.

Die Schönheit und Großartigkeit dieser Landschaft ließen Larsen alle gegenwärtige Mühsal vergessen. Für einen kurzen Augenblick erwachte der Reiseveranstalter in ihm, und er überlegte angestrengt, wie er seinen Kunden dieses wundervolle Panorama verkaufen könnte. Er begriff jetzt, warum diese Berge das Tor zur Arktis genannt wurden. Aber dann überfiel ihn Verzweiflung, als er erkannte, wie weit sie noch durch die Wildnis würden marschieren müssen. Von hier oben aus sah das Land noch größer, einsamer und unbezwinglicher aus, als er gedacht hatte, und zum ersten Mal begann er ernsthaft daran zu zweifeln, ob es überhaupt den Versuch lohnte, diese gewaltigen Entfernungen durchqueren zu wollen. Es erschien so viel vernünftiger, sich einfach hinzulegen, es sich so bequem wie möglich zu machen und auf die zarte Berührung des Todes zu warten.

In diesem Augenblick hörte er den dünnen Knall des Revolvers, wandte sich um und rannte zurück.

9

»Eine Eule!« rief Larsen. »Sie haben eine Kugel für eine lausige Eule verschwendet?«

»Das ist keine lausige Eule«, lachte Umiak, »das ist eine Schnee-Eule. Als ich aufgewacht bin, saß sie da direkt vor mir auf dem Felsen. Ich konnte sie gar nicht verfehlen. Jetzt haben wir eine Menge Fleisch, und gut schmecken wird es uns auch.«

Er hielt den großen Vogel bei den Fängen, so daß die Flügel nach unten hingen und sich dabei aufspreizten. Larsen mußte zugeben, daß das Tier tatsächlich sehr fleischig aussah. Der Rumpf war fast zwei Fuß lang und mußte ungefähr sieben Pfund wiegen.

Routiniert begann Umiak die Eule zu rupfen. »Frauenarbeit«, sagte er fröhlich. »Aber heute müssen wir uns selbst helfen.«

Sie aßen langsam und kauten genießerisch jeden Bissen. Das Fleisch war appetitlich und zart. Als er endlich gesättigt war, lehnte sich Larsen mit einem Seufzer zurück. Die Hälfte der Eule blieb übrig, und obwohl Umiak die Fleischstücke, die noch in der Brühe schwammen, sehnsüchtig ansah, verzichtete er diesmal darauf, mehr zu essen. Fleisch und Brühe wurden langsam kalt. Umiak holte die Steine, mit denen sie die Brühe erhitzt hatten, aus dem Gefrierbeutel und leckte sie sorgfältig sauber. Dann verschloß er den Gefrierbeutel und verstaute ihn auf dem Schlitten.

An diesem Tag kamen sie nicht mehr sehr weit. Um weiter hinunter ins Tal zu kommen, mußten sie einem langen, langsam abfallenden Höhenzug folgen und schließlich einen haarsträubenden Abstieg über eine steile Geröllhalde riskieren. Am Abend hatten sie den ersten der kleinen Seen erreicht, wo sie gehofft hatten, Fische zu finden, aber zu ihrer Enttäuschung schien es in dem kalten Wasser keinerlei Leben zu geben. Sie gingen ohne Abendessen zu Bett. Immerhin hatte die Eule ihren schlimmsten Hunger gestillt, und es war ja von ihrer Mahlzeit auch noch etwas übrig.

An den nächsten zwei Tagen suchten sie sich einen Weg an den zahlreichen gefrorenen Seen und Gletschern entlang, wobei sie jedem Wasserlauf zu folgen versuchten, der sie in östlicher Richtung voranbrachte, aber sie mußten auch zahlreiche enge Schluchten und Hohlwege passieren. Zweimal waren sie gezwungen, felsige Übergänge zu ersteigen, weil ihnen Höhenzüge im Weg lagen. Das Wetter blieb aber schön, und obwohl die Sonne niedrig über dem Horizont hing, gaben ihre Strahlen ein wenig Wärme.

Die Nächte brachten ihnen Erholung von der Mühsal der Tage, aber auch neue Leiden. Trotz aller Bemühungen um Wärme schien die Kälte jede Nacht bis ins Mark vorzudringen. Lange Stunden lagen sie wach. Hunger und Schlafmangel schwächten sie weiter, ihre Beine waren wie Blei, und bald forderte jeder Schritt eine bewußte Willensanstrengung.

In der Abenddämmerung des zweiten Tages stapften sie müde durch eine enge Schlucht. Sie folgten einem schmalen Wasserlauf und wußten, wenn sie dessen Quelle erreicht hatten, würden sie erneut einen Übergang ins nächste Tal suchen müssen. Die Sonne war nicht mehr zu sehen, und die Temperatur fiel. Sie hatten die Hoffnung auf einen Unterschlupf für die Nacht bereits aufgegeben, als Larsen die Höhle entdeckte.

Der Eingang war niedrig und so gerundet, als ob ihn ein Tier erweitert und häufig benutzt hätte, aber der Schnee vor dem Eingang zeigte keinerlei Spuren. Vorsichtig spähte Larsen ins Dunkel. »Was meinen Sie?« flüsterte er.

Umiak kaute nachdenklich auf seinem Daumen herum. »Könnte bewohnt sein«, sagte er. »Vielleicht ein Bär oder eine Wildkatze. Wir sollten uns lieber vorsehen.« Er hob einen Stein auf und warf ihn, so weit er konnte, in die Höhle hinein. Er landete weich und fast ohne Geräusch.

»Vielleicht Sand?« sagte Larsen.

»Oder Fell«, erwiderte Umiak. Er warf einen weiteren Stein in die Höhle, und das Ergebnis war wieder das gleiche. Er zögerte, und Larsen verlor die Geduld. Noch ehe Umiak ihn daran hindern konnte, ließ er sich auf die Knie fallen und kroch durch den Eingang.

Sofort dahinter begann die Höhle sich zu erweitern, so daß er die Wände nicht mehr berührte. Er zog sein Feuerzeug aus der Tasche, ohne es allerdings zu entzünden. Der Höhlenboden bestand aus trockenem, weichem Sand. Larsen bewegte sich zunächst nach rechts, bis er dort an die Wand stieß. Auf diese Weise konnte er die Höhle entweder umrunden oder, falls sie sich als größer erweisen sollte, als er dachte, auf demselben Weg wieder zurückkriechen.

Es lag kein animalischer Geruch in der Luft. Die Atmosphäre war vielmehr trocken und etwas muffig, wie in einem Museum. Aus irgendeinem Grund fühlte sich Larsen an seine Kindheit erinnert. Er bewegte sich vorsichtig weiter, und bald begann die Wand sich zu krümmen. Die Höhle war offenbar nicht sehr groß. Dann fuhr Larsen plötzlich voller Schrecken zurück. Seine Hände hatten ein Fell berührt. Er lehnte sich erstarrt an die Felswand und wagte kaum noch zu atmen. Gespannt wartete er auf ein Zeichen von Leben. Aber es war nichts zu hören. Schließlich streckte er die Hand erneut aus. Da war tatsächlich ein Fell, aber es war leblos und kalt. Larsen knipste das Feuerzeug an. Die Flamme leuchtete hell.

Vor ihm lag die in Pelze gehüllte Leiche eines Mannes auf einem Stapel von Karibufellen. Sein Gesicht war schwarz und faltig wie uraltes Leder, und seine Augenhöhlen starrten leer zur Decke. Larsen fragte sich, wie lange diese mumifizierte Leiche hier wohl schon gelegen haben mochte. Waren es Jahre oder Jahrzehnte?

Er machte das Feuerzeug aus und kroch zum Höhleneingang zurück, um Umiak von seinem Fund zu berichten.

Gemeinsam hoben sie das oberste Karibufell mit der Leiche herunter und lehnten sie behutsam an die Wand. Der Körper des Toten war federleicht, aber die trockene, kalte Luft hatte ihn perfekt erhalten. Als sie die übrigen Felle auf dem Boden ausbreiteten, um sich ein Lager zu machen, stieß Umiak plötzlich an einen metallisch klirrenden Gegenstand.

Es war eine Feldflasche von der Art, wie sie zur Zeit des Pelzhandels zu Tausenden im Umlauf waren. Umiak trug sie triumphierend hinaus und füllte sie mit Schnee, während Larsen den Ofen vorbereitete. Im flackernden Licht des Feuers konnten sie mehr von ihrer Umgebung erkennen. In einem Beutel aus Tierhaut fanden sie den Rest eines schwarzen Pulvers, von dem Umiak annahm, daß es einst getrocknetes Fleisch und Beeren gewesen waren. Eine Steinlampe stand auf dem Boden, und an der Wand lehnte ein Fellsack mit Öl, das allerdings tranig und fest war. Sie fanden einen Feuerstein mit dem dazugehörigen Stahl und Zunder und ein Paar pelzgefütterte Robbenfellstiefel, die allerdings im Laufe der Jahre eisenhart geworden waren. Auch ein

Messer mit einem aus Karibugeweih geschnitzten Griff fehlte nicht.

Als sie sich zur Ruhe legten, stellte Larsen endlich die Frage, die ihn schon die ganze Zeit über beschäftigt hatte. Wie war die Leiche hier in die Höhle gekommen?

»Der Mann ist von seinen Gefährten hierhergebracht worden«, sagte Umiak knapp. »Wahrscheinlich war er mit einer Jagdgesellschaft unterwegs und wurde mit Nahrung, Feuer und einem Lager aus Fellen in der Höhle zurückgelassen.«

»Glauben Sie, daß er verletzt war?« fragte Larsen. »Konnte er vielleicht nicht mehr laufen?«

»Nein«, sagte Umiak langsam. »Dann hätten seine Gefährten ihn getragen. Ich glaube, er hatte irgendeine ansteckende Krankheit, Blattern, Masern oder Diphterie. Die anderen hatten Angst, deshalb ließen sie den Mann hier. Entweder er wurde wieder gesund, oder er starb hier.«

»Irgendwie klingt das grausam«, sagte Larsen und schüttelte sich.

»Das war ihre einzige Chance«, erwiderte Umiak. »Damals starben ganze Dörfer an Epidemien. Mein Volk hatte keinerlei Widerstandskräfte gegen die Krankheiten des weißen Mannes, und schon die kleinste Erkältung konnte sie umbringen.«

Bei der Vorstellung, hier in der Höhle könnten seit Jahrzehnten Bakterien darauf lauern, ein neues Opfer zu finden, lief Larsen eine Gänsehaut über den Rücken. Aber bei näherer Überlegung beruhigte er sich rasch wieder. »Die Masern hab' ich gehabt«, sagte er, »und gegen die meisten anderen Infektionskrankheiten bin ich geimpft.«

»Ich auch«, sagte Umiak. »Der Fortschritt ist schon was Schönes.«

Larsen hatte den Eindruck, daß in Umiaks Bemerkung ein ironischer Unterton mitschwang, fragte aber nicht nach. Er schlief leichter als sonst ein; doch in seinen Träumen geisterten braunhäutige Männer herum, deren Gesichter voller Eiterbeulen waren.

Als Larsen erwachte, fand er Umiak bereits bei der Arbeit. Der Eskimo hatte sich die Robbenfellstiefel vorgenommen und war dabei, sie mit dem tranigen alten Öl einzureiben, das sie in der Höhle entdeckt hatten. Der Geruch war widerlich, aber das schien Umiak nicht zu stören. »Es gab einmal eine Zeit«, sagte er beiläufig, »wo es zu den Pflichten der Frauen gehörte, am Morgen als erstes die gefrorenen Stiefel der Männer so lange zu kauen, bis sie wieder schmiegsam und weich waren. Ich glaube, die High-School-Erziehung hat dafür gesorgt, daß dieser schöne Brauch abgeschafft wurde. Ich kann mir nicht vorstellen, daß die jungen Frauen von heute so etwas machen. Glücklicherweise ist es aber auch nicht mehr nötig. Wir haben ja alle Kerosinöfen oder Zentralheizung, und die Stiefel sind aus Gummi.«

Er machte sich wieder an die Arbeit. Larsen sah ihm neugierig zu und überlegte, ob er es wagen sollte, die Frage zu stellen, die ihn beschäftigte. »Sind Sie eigentlich verheiratet, Umiak?«

Es entstand eine Pause. Graues Morgenlicht sickerte durch den Eingang der Höhle. »Ja, ich war mal verheiratet«, sagte Umiak schließlich.

Es folgte ein langes Schweigen. Dann sagte Umiak: »Sie sind alle gestorben. Beide Kinder und meine Frau. Ich war nicht dabei, ich war unterwegs. Es war eine Polio-Epidemie.«

Larsen hatte die große Polio-Epidemie der fünfziger Jahre fast schon vergessen. Aber jetzt fiel ihm wieder ein, wie verzweifelt man damals nach einem Impfstoff gesucht hatte, der die Krankheit zu stoppen vermochte. Kinderlähmung! Wieviel schrecklicher mußte die Seuche hier oben gewütet haben, wo die ärztliche Versorgung so viel geringer war als in den übrigen Staaten. Jetzt verstand er besser, warum die Jäger ihren Gefährten hier hatten allein sterben lassen. Er begriff auch den ironischen Ton, mit dem Umiak über den Fortschritt der Medizin gesprochen hatte. Als er sich jedoch den Toten allein in der Höhle vorstellte, fragte sich Larsen, warum die Leiche nicht von Tieren herausgezerrt worden war.

Umiak hatte auch dafür eine Erklärung. »Auf dem Höhepunkt

des Pelzhandels waren weite Landstriche vollkommen leergejagt«, sagte er. »Es gab praktisch keinerlei Raubtiere mehr, es wurde alles abgeschossen, was sich bewegte. Es war eine Art Jagdrausch, aber das dauerte natürlich nicht lange. Damals gab es Trapper, die auf einer Strecke von einhundertfünfzig Meilen ihre Fallen aufgestellt und ihre Schlingen gelegt hatten. Und damit die Aasfresser, die Raben oder der Vielfraß, nicht schon vor ihm da waren, mußte der Trapper seine Strecke ständig kontrollieren. Dazu brauchte er mindestens zehn Schlittenhunde oder noch mehr, und jeder Hund brauchte jeden Tag sieben Pfund Fleisch oder Fisch. Sie können sich ausrechnen, was das für die Lachs- und Karibubestände bedeutete. Dann ging die Nachfrage nach Pelzen plötzlich drastisch zurück. Die Jäger aßen erst ihre Hunde, und dann verhungerten sie.«

»Nun ja«, sagte Larsen. »Heute habt ihr wenigstens das Öl. Das bringt ein gesichertes Einkommen.«

»Und für wie lange? Erst kamen die Walfänger, dann kamen die Pelzhändler. Beide sind wieder verschwunden. Irgendwann ist das Öl alle, und dann verschwinden die Öl-Leute auch wieder. Nein, das einzige, was bleibt, sind das Land und das Meer und was sie uns schenken. Wenn die Karibus ausbleiben, gibt es immer noch die Robben, und wenn die Robben nicht mehr an Land kommen, gibt es noch Walrosse. Im Frühjahr kommen die Wale und die Wildgänse, und im Sommer kommen die Lachse zum Laichen. Im Herbst reifen die Beeren, und Schneehasen gibt es das ganze Jahr über.«

Larsen hörte das Ende von Umiaks Ausführungen kaum noch. Beim Gedanken an ein Karibu-Steak, das auf einem Bett aus glühenden Kohlen brutzelte, an Lachsfilets, saftig und rosig, die sich von den Gräten lösten, an Gänsebraten, aus dem langsam das Fett sickerte, begann ihm das Wasser im Mund zusammenzulaufen. Eine Welle der Übelkeit schlug über ihm zusammen, und einen Moment fürchtete er, erbrechen zu müssen. Hungerkrämpfe schüttelten ihn, und der Schmerz war so stark, daß er zusammenklappte und keuchend auf den Fußboden fiel.

Umiak beobachtete ihn gleichmütig. »Es ist nicht gut, in unserer Situation über Essen zu reden«, sagte er vorwurfsvoll, als wäre es Larsens Schuld, daß sie darüber sprachen. »Man darf nicht einmal daran denken. Ich werde uns etwas Wasser warm machen, das hilft meistens.«

Das Wasser, mußte Larsen zugeben, war besser als gar nichts, und er trank die heiße Flüssigkeit dankbar. Umiak hatte seine Arbeit an den Stiefeln inzwischen beendet. »Wie geht es Ihren Händen?« fragte er plötzlich.

Larsen betrachtete sie. Die Haut war rissig und rot, die Knöchel waren wund, und die Innenseite war voller Schwielen. Wegen seines schlechten Allgemeinbefindens hatte Larsen seine Hände gar nicht besonders beachtet, aber jetzt wurde ihm plötzlich bewußt, daß er sogar Schwierigkeiten hatte, seine Finger richtig zu strecken.

»Reiben Sie sie mit dem Öl ein«, sagte Umiak und gab ihm den Fellsack.

Larsen gehorchte, auch wenn er wegen des Gestanks den Atem anhalten mußte. Es trat fast sofort Erleichterung ein, aber die Angst, daß er die Wunden damit irgendwie infizierte, konnte Larsen auch nicht ganz verdrängen.

Es war Zeit weiterzugehen. Sie hatten eigentlich vorgehabt, die Karibufelle mitzunehmen, um sich besser gegen die Kälte schützen zu können, aber es zeigte sich, daß die Haare büschelweise ausfielen, und als sie versuchten, die Felle zu einem Bündel zusammenzurollen, brachen die harten, ungegerbten Häute wie dürres Holz. Am Ende legten sie sie wieder zu einem Stapel zusammen und betteten auch den Toten wieder darauf. Die Feldflasche, das Messer, den Feuerstein und sogar das ranzige Öl nahmen sie mit.

Unmittelbar vor dem Aufbruch zog Umiak noch seine Stiefel aus und streifte die Fellstiefel über, die er zuvor mit dem Öl bearbeitet hatte. »Die *Mukluks* wären sowieso zu klein für Sie«, sagte er.

Larsen nickte. Er war sich nicht ganz sicher, ob Umiaks Be-

merkung eine Entschuldigung oder eine bloße Feststellung war.
»Die Schuhe eines Toten bringen kein Glück«, murmelte er.
»Wie bitte?« fragte Umiak.
»Ach, nichts«, sagte Larsen. »Ich habe nur laut gedacht.«

10

Hintereinander krochen sie aus der Höhle. Das grelle Licht und der Schnee blendeten sie, und so stellten sich die beiden Männer eine Minute lang mit dem Rücken zur Sonne und hielten sich die Hände vors Gesicht. Nach dem muffigen Geruch in der Höhle erschien ihnen die klare, kalte Luft doppelt frisch. Es war vollkommen windstill, und die trockene Kälte machte ihnen viel weniger aus als Nebel, Nässe und Schnee. Keiner der beiden Männer sah sich genauer im Schnee vor der Höhle um, der von ihren Fußspuren umgepflügt war. So entgingen selbst Umiak die unverkennbaren Tatzenabdrücke eines großen Bären direkt vor dem Eingang der Höhle.

Umiak und Larsen legten sich das Zugseil des Schlittens über die Schultern, und dann stapften sie weiter die Schlucht hinauf in die Berge. Im Sonnenlicht schienen die Gipfel weit oben am Himmel zu kleben, und der Sattel, den sie überqueren mußten, schien mit jedem Schritt weiter vor ihnen zurückzuweichen. Larsens verletztes Bein schmerzte und pochte, aber er fühlte sich sehr lebendig. Nach einiger Zeit jedoch bekam er Kopfschmerzen. Er fragte sich, ob das vom gleißenden Licht kommen konnte, und blieb stehen, um die Schneebrille aufzusetzen, die Umiak gemacht hatte. Doch die Kopfschmerzen blieben. Ihm dämmerte, daß er vielleicht Fieber hatte.

Unternehmen konnte er dagegen nichts. Das Zugseil schnitt ihm in die Schulter, seine Stiefel wurden von Schritt zu Schritt schwerer, die Muskeln seiner Beine schienen ihm nicht mehr gehorchen zu wollen, und seine Füße weigerten sich, einer geraden

Linie zu folgen. Einmal stolperte er und fiel auf die Knie. Keuchend wartete er darauf, daß seine Kraft zurückkehrte und er weitergehen konnte.

Der Gebirgssattel war jetzt nähergerückt. Larsen wagte nicht daran zu denken, was danach kam: noch ein weiterer steiler Anstieg, eine ausweglose Schlucht oder ein unüberwindlicher Abgrund? Er konzentrierte sich auf jeden Schritt und machte ab und zu eine Pause, wenn ihn die letzte Kraft zu verlassen drohte. Jedesmal blieb Umiak an seiner Seite und wartete, ohne etwas zu sagen. Der Bursche war unverwüstlich und schien die Kälte und die Anstrengung überhaupt nicht zu spüren.

In Wirklichkeit war Umiak ganz froh über die Pausen. Er war älter als Larsen, und er hatte in den letzten Jahren gespürt, daß er langsamer geworden war und sich das Alter in seinem Körper festgesetzt hatte. Er wußte, daß Larsen krank war, und überlegte, ob es nicht ratsam wäre, in die Höhle zurückzukehren, aber er vermutete, daß Larsen dazu bestimmt nicht bereit wäre. Es blieb ihm nichts anderes übrig, als darauf zu warten, daß der andere nicht mehr weitergehen konnte.

Ein kalter Wind erhob sich und blies ihnen gefrorenen Schnee ins Gesicht, als ob er ihre elende Lage noch verschlimmern wollte. Umiak stemmte seine Schultern in das Zugseil des Schlittens und bemühte sich, Larsen so weit wie möglich zu entlasten. Schließlich erreichten sie auf diese Weise die Paßhöhe.

Larsen fiel mit dem Gesicht voran in den Schnee. Er war zu erschöpft, als daß es ihm etwas ausgemacht hätte. Als er schließlich wieder genügend Kraft gesammelt hatte, um aufzustehen und ostwärts über den Paß hinunterzuschauen, erfaßte ihn jähe Erleichterung und Freude. In seinem Hals stieg ein Knoten auf, und Tränen füllten seine Augen.

Der vor ihnen liegende Abhang war ein einziges glattes, steil abfallendes Schneefeld. Am Fuß des Berges lag ein breites Tal, in dem sich ein kleiner Fluß nach Norden schlängelte. Im Osten lag ein weiterer Paß, aber der war breit und flach, und überall ragten gelbe und rote Büsche aus dem Schnee. Der Weg war noch weit, aber es sah so aus, als ob sie die Berge endlich hinter sich hätten.

Sie rasteten eine Weile, den Rücken an einen Felsen gelehnt, der sie vor dem Wind schützte. Die Sonne wärmte ihre Gesichter. Plötzlich richtete sich Umiak auf. Er sprang auf die Füße, lachte vor Freude und zeigte das Tal hinauf nach Norden. »Karibus!« rief er, und dann sah Larsen sie auch: ein dunkler Klumpen kleiner Punkte, die sich mit ungeheurer Langsamkeit auf sie zubewegten. Bei näherem Hinsehen allerdings stellte er fest, daß die Herde doch sehr viel schneller vorankam, als er gedacht hatte, und ihm wurde zu seiner Enttäuschung bald klar, daß die Karibus längst vorbeigezogen sein würden, bis Umiak und er den Abstieg von der Paßhöhe geschafft hätten.

Als er das laut sagte, verschwand Umiaks Freude. Dann fiel Larsens Blick auf den Schlitten, die verbeulte Aluminiumtragfläche, die sie nun schon so weit über die Berge geschleift hatten. Ihm kam eine verrückte Idee. Fieberhaft schnürte er das Kabel auf, mit dem das Bettzeug festgeschnallt war. »Wir werden die Sache beschleunigen«, sagte er. »Wir laufen den Abhang nicht runter, wir fahren!«

Voller Entsetzen betrachtete Umiak erst Larsen und dann den steilen Abhang. Es konnte dort versteckte Felsen, Eisplatten und dicke Grasbüschel geben, die sie in die Luft hinauskatapultieren würden wie eine Rakete. Ihre Aussichten, heil auf dem Schlitten hinunterzukommen, waren praktisch gleich Null. Dann breitete sich langsam ein Lächeln auf seinem Gesicht aus. Wenn er diese Schlittenfahrt überlebte, hatte er wirklich etwas, woran es sich zu erinnern lohnte. Als ob man seine Schlittenhunde im Höllentempo über brüchiges Eis jagte, um nicht einzubrechen, dachte er.

Larsen legte sich flach auf den Schlitten und wickelte sich das Zugseil um die durch Handschuhe geschützten Finger. Umiak legte sich obenauf. Auch er hielt sich am Seil fest. »Fertig?« fragte Larsen, und Umiak knurrte zur Antwort.

Auf den ersten Metern kam der Schlitten nur langsam voran.

Umiaks Gewicht preßte Larsen die Luft ab. Dann nahm die Geschwindigkeit zu. Der eisige Fahrtwind ließ Larsens Augen tränen und seine Wangen gefrieren, er war vollkommen blind. Ein fürchterliches Donnern erfüllte die Luft. Der Schlitten begann zu zittern und schließlich zu springen. Larsens Zähne klapperten, und obwohl er sich nach Kräften bemühte, seine Bewegungen unter Kontrolle zu halten, schlug sein Kopf auf den Schlitten. Umiaks Körper hämmerte wie eine Dampframme auf seinen Brustkasten, bis Larsen fürchtete, seine Rippen würden unter dem Gewicht brechen. Verzweifelt versuchte er, Atem zu holen. Dann wurde ihm schwarz vor Augen, und er hatte das Gefühl, in einen bodenlosen Abgrund zu fallen.

Als er erwachte, lag er flach auf dem Rücken, und Umiak rieb ihm Schnee ins Gesicht. Larsen ließ es sich hilflos gefallen, er war nicht in der Lage zu sprechen. Die eiskalte Luft ging wie ein Reibeisen durch seine Brust, und in seinen Ohren rauschte das Blut. Endlich konnte er sich wieder aufrichten. »Das nächste Mal liege ich oben«, krächzte er mühsam, und Umiak grinste entschuldigend.

Schaudernd blickten sie zurück auf den Abhang, über den sie heruntergekommen waren. Von unten sah er fast senkrecht aus, und es schien ganz unglaublich, daß sie noch heil waren. Der Schlitten war ein gutes Stück auf dem ebenen Talboden weitergerutscht, und dicht vor sich hörten sie das leise Rauschen des Flusses auf seinem Weg nach Norden.

Umiak überlegte angestrengt. Die Karibus wanderten nach Süden, um dort zu überwintern, das stand fest. Aber ob die Tiere, die er gesehen hatte, die Vorhut einer größeren Herde oder die letzten Nachzügler waren, konnte er nicht sagen. Jetzt waren sie unten im Tal, und die Annäherung der Tiere war ihnen durch zahlreiche Bodenunebenheiten verborgen. Aber der Wind wehte glücklicherweise von Norden, so daß die Karibus sie nicht wittern würden, wenn sie heranzogen.

Andererseits war das Tal sehr breit, und es gab keine Deckung, wo man einen Hinterhalt legen konnte. Um einen sicheren

Schuß anbringen zu können, mußte Umiak auf jeden Fall sehr nahe an seine Beute herankommen. Er wünschte, er hätte ein weitreichendes Gewehr und ein Dutzend erfahrene Inuit-Jäger bei sich gehabt, aber es war sinnlos, mit solchen Gedanken Zeit zu verschwenden. Er wandte seine Blicke flußaufwärts, in der Hoffnung, dort vielleicht eine besondere Geländeform zu finden, die er für seinen Zweck nutzen konnte.

Ungefähr einen Kilometer südlich machte der Fluß eine große Schleife, und das Tal wurde enger. Setzten die Karibus ihren Weg geradlinig fort, so würden sie wahrscheinlich lieber den Fluß überqueren, als einen Umweg zu machen. Falls es ihm gelang, sich an der Uferböschung zu verstecken, konnte Umiak vielleicht eins der Tiere erwischen, wenn sie sich näherten.

Umiak ließ den Schlitten, wo er war, und rief Larsen zu, er solle ihm den Fluß hinauf folgen. Larsen gab sich alle Mühe, kam aber nur langsam voran. Endlich erreichten sie die Flußbiegung. Sie standen auf einer breiten Kiesbank und sahen zum jenseitigen Ufer hinüber.

Die Stelle war gut zum Überqueren des Flusses geeignet. Vom jenseitigen Ufer konnten die Tiere fast bis in die Mitte des Wasserlaufs springen und von dort aus ohne große Mühe die Kiesbank erklimmen. Frühere Schmelzwasserfluten hatten das Ufer so weit unterhöhlt, daß an mehreren Stellen Böschungen und Löcher entstanden waren, die Umiak als Versteck dienen konnten. Zunächst allerdings mußte er Larsen zum äußersten Punkt der Schleife schicken, damit er die Tiere von dort zurückscheuchen konnte, falls sie versuchen sollten, den Flußübergang zu vermeiden. Das Ganze würde Geschick und gute zeitliche Abstimmung verlangen. Umiak konnte nur hoffen, daß ihnen Larsens Mangel an Erfahrung keinen Strich durch die Rechnung machte.

Als erstes allerdings mußte Umiak selbst auf die andere Seite, eine Aussicht, die ihm wenig behagte. Obwohl er wußte, daß die Karibus jeden Augenblick eintreffen konnten, nahm er sich die Zeit, seine Stiefel und Socken auszuziehen, ehe er durch den

Fluß watete. Er hatte keine Lust, sich Erfrierungen zuzuziehen, weil seine Sachen naß waren. Das eisige Wasser des kleinen Flüßchens reichte ihm zwar nur bis zum Knie, raubte ihm aber sofort alles Gefühl in den Beinen, und es war eine Wohltat, als er sich auf dem anderen Ufer hinsetzen, die Füße massieren und seine warmen Stiefel wieder anziehen konnte.

Dann konnte er nur noch warten. Immer wieder fragte er sich, ob er wirklich die beste Stelle gewählt hatte. Er wagte nicht, den Kopf über den Rand des Ufers zu heben, und Larsen war nirgendwo zu sehen. Mit der rechten Hand umspannte Umiak den Revolver und wartete reglos auf das unverkennbare dumpfe Trommeln und regelmäßige Hufgeklapper der Karibuherde.

Als er das Geräusch schließlich hörte, kam es weit entfernt von der anderen Seite des Tals, wohin er Larsen geschickt hatte. Bittere Enttäuschung erfaßte den Jäger, aber dann hörte er Larsen einen langen, widerhallenden Schrei ausstoßen und plötzlich wurde das Hufgeklapper lauter, und der Boden begann zu vibrieren.

Die panisch flüchtende Herde überrannte Umiak, ehe er sich auf den Ansturm vorbereiten konnte. Die Tiere sprangen direkt über ihn hinweg, und in einem Wirbel donnernder Hufe flogen Schnee und gefrorene Erdbrocken auf ihn herunter. Einen Moment lang war er völlig geblendet und wäre fast in den Fluß gefallen.

Dann erhob er sich auf die Knie. Drei Karibus waren schon über den Fluß. Er packte das Handgelenk seiner rechten Hand mit der linken und krümmte den Finger am Abzug. Als eine der Kühe ins Wasser sprang, feuerte Umiak auf ihren Kopf. Er sah weiße Knochensplitter von ihrer Schnauze davonfliegen, aber das Tier schüttelte nur den Kopf und kämpfte sich weiter zum anderen Ufer hin. Er feuerte noch einmal, und diesmal brach die Kuh zusammen. Heftig zuckten ihre Läufe im flachen Wasser.

Eine andere Kuh stand zögernd über ihm auf dem Ufer, und Umiak feuerte auf ihre Flanke, unmittelbar hinter der Schulter. Aber in diesem Augenblick sprang das Tier, und die Kugel mußte wohl unter ihm weggeflogen sein. Verzweifelt feuerte Umiak noch einmal und sah, wie die Kugel neben dem Tier ins Wasser klatschte. Dann erreichte die Kuh die flache Kiesbank und galoppierte scheinbar unverletzt davon.

Einen Schuß hatte er noch. Hastig sah er sich nach einem neuen Ziel um. Da entdeckte er zu seinem Entsetzen, daß sich die erste Kuh, die er schon für tot gehalten hatte, wieder aufrichtete. Sie schüttelte sich, kam auf die Beine und strebte auf die andere Seite des Ufers zu. Plötzlich war Umiak vollkommen ruhig. Zielsicher schoß er der Kuh in den Hinterkopf, dann fiel sie tot um. Der Revolver war leer. Müde sah ihn Umiak an, dann warf er ihn in den Fluß. Von jetzt an war er nur noch totes Gewicht. Es hatte keinen Sinn, ihn noch weiter mit sich herumzuschleppen.

11

Ein paar Meilen weiter oben im Tal blieb eine einsame Karibukuh stehen. Mit gespreizten Beinen, gesenktem Kopf und bebenden Flanken stand sie im Schnee. Der Rest der Herde war weitergezogen, und die plötzliche Einsamkeit versetzte das Tier in schreckliche Angst.

Es war die Kuh, auf die Umiak zweimal gefeuert und von der er geglaubt hatte, er hätte danebengeschossen. In Wirklichkeit aber hatte sein zweiter Schuß das Tier unter Wasser in die Brust getroffen. Es fühlte keine Schmerzen, nur eine ständig wachsende Müdigkeit. Schließlich wurde dem todgeweihten Tier dunkel vor Augen, und es spürte nicht, daß sich der Bär näherte. Dann warf es ein heftiger Tatzenhieb auf den Rücken, und sein Leben erlosch.

Hoch oben am Himmel schrie ein Adler, und ein weit entfernt auf einer Felsspalte sitzender Rabe schüttelte sein Gefieder. Mit ausgebreiteten Schwingen ließ er sich von seinem Felsen herabgleiten, bis ihn ein aufsteigender Luftstrom wieder hinauftrug. Das gemächliche Kreisen des Raben ließ seine Artgenossen aufmerksam werden, und so verbreitete sich die Nachricht vom Tod des Karibus über die Tundra.

Weit im Norden alarmierten die Raben ein Wolfsrudel, das in einem Krüppelweidendickicht ruhte. Fast gleichzeitig erhoben sich die Wölfe vom Lager, liefen eine Zeitlang durcheinander und trabten dann einer nach dem anderen flußaufwärts.

Larsen lag auf der rohen Karibuhaut, die Umiak der toten Kuh abgestreift hatte. Er hatte den Teppich und alle Decken, um sich zu wärmen, aber ihm tat jeder Knochen im Leib weh. Er atmete nur ganz vorsichtig, um seinen Brustkasten nicht übermäßig zu dehnen. Sein Puls raste, sein Kopf schwamm, und von Zeit zu Zeit wurde er von Schüttelfrost gepackt. Gelassen, nahezu unbeteiligt, überlegte er, ob er eine Lungenentzündung habe.

Neben ihm hockte Umiak über ihrem Benzinofen. Auch er war völlig erschöpft und konnte kaum noch die Fleischbrühe umrühren, die in der ehemaligen Feldflasche kochte. Er hatte Larsen mit dem Gesicht nach unten im Schnee liegend gefunden, so wie er hingefallen war, nachdem er in einer letzten großen Kraftanstrengung die Karibuherde in Umiaks Richtung gescheucht hatte. Er hatte den weißen Mann an diese überhängende Stelle des Flußufers gezogen, wo die Böschung sie vor dem Wind schützte und eine trockene Kiesbank einen bequemen Lagerplatz bot. Dann hatte er das Karibu gehäutet und ausgeweidet, den Schlitten geholt und die Beute – über fünfzig Kilo Fleisch und Fett, einschließlich des Kopfs und zwei Litern Blut – zu ihrem Lager geschafft. Er hatte sich bereits mit einigen Fetzen roher Leber und dem Fett hinter den Augäpfeln des Karibus gestärkt, einer Delikatesse, die Larsen, wie er vermutete, nicht recht zu schätzen wußte.

Jetzt kochten die Zunge, das Herz und weitere Teile der Leber fein geschnitten im Topf, den er im Fluß mit frischem Wasser gefüllt hatte. Umiaks Magen knurrte in schmerzlicher Erwartung der Mahlzeit. Dennoch aß er nichts, ehe er nicht einen Teil der Brühe in den Deckel der Thermosflasche gefüllt und Larsen gebracht hatte, den er zu diesem Zweck allerdings erst in eine sitzende Position manövrieren mußte. Mühsam schloß Larsen die Hände um den Becher und leerte ihn dankbar, ehe er sich mit geschlossenen Augen wieder zurücksinken ließ und Umiak seine üppige Mahlzeit begann.

Auch beim Essen war Umiaks Geist nicht müßig. Er hatte gesehen, wie sich die Raben am Himmel versammelten, glaubte aber, daß der von ihm zurückgelassene Kadaver der Grund ihrer Aufmerksamkeit sei. Die Raben waren ein vertrauter Anblick bei der Jagd. Umiak wußte auch, daß sie die Begleiter und Späher der Wölfe waren und früher oder später ein Wolfsrudel anlocken würden. Wölfe stellten zwar keine Lebensgefahr dar, aber Umiak sorgte sich um ihren Fleischvorrat.

Er war am Rand der Erschöpfung. Er wußte, er würde nicht die ganze Nacht hindurch Wache halten können, schon gar nicht nach der üppigen Mahlzeit, die er verzehrt hatte. Larsen würde ihm in seinem jetzigen Zustand nicht helfen können. Umiak vermutete, daß sie ein paar Tage lang würden rasten müssen, um wieder zu Kräften zu kommen. Bis jetzt hatte sich das Wetter gehalten, und die Schneefälle, die den bevorstehenden Winter ankündigten, waren ihrem Fortkommen eher nützlich gewesen. Ein heftiger Schneesturm allerdings konnte sie zu Gefangenen machen, die nicht in der Lage waren, die tiefen Schneewehen zu überqueren.

Schneeschuhe wären dann die einzige Rettung. Mit einer gewissen Bitterkeit dachte Umiak daran, daß er und seine Freunde schon seit Jahren keine mehr geflochten hatten. Es war eben soviel einfacher, sie nach einem Versandhauskatalog zu bestellen. Aber selbst wenn es ihm gelingen sollte, aus der Karibuhaut geeignete Riemen zu schneiden, hatte er doch keine Birken- oder Weidenzweige, um daraus den Rahmen zu machen. Vielleicht fanden sie ein paar Büsche an dem kleinen, von Osten kommenden Bach, den er gesehen hatte, als er noch auf dem Berg stand.

Dann war da die Frage des Brennstoffs. Ihre Benzinvorräte gingen allmählich zur Neige. Sie würden höchstens noch fünf Tage reichen. Nun ja, zur Not konnten sie auch von rohem Fleisch leben.

Umiak hatte seine Mahlzeit beendet, er konnte einfach nichts mehr essen. Er weckte Larsen noch einmal und fütterte ihn mit einem weiteren Becher Brühe. Befriedigt stellte er fest, daß Larsen danach sofort wieder in Schlummer fiel. Ehe Umiak selbst sich ebenfalls zum Schlafen hinlegen konnte, gab es noch etwas zu tun. Er legte den Karibu-Kopf mit dem breit ausladenden Geweih etwas abseits von ihrem Lager und den übrigen Fleischvorräten und suchte dann Larsens Angelleine heraus. Das eine Ende knotete er am Geweih fest, das andere wickelte er um den Fleischvorrat und band es an seinem Fuß fest. Die leere Feldflasche hatte er so aufgehängt, daß sie unmittelbar über den Flußkieseln hing. Wenn sich irgendein Tier in der Nacht an das Fleisch heranmachen würde, mußte es unweigerlich an der Schnur ziehen und damit an Umiaks Fuß. Gleichzeitig würde die Feldflasche einen höllischen Lärm machen. Jetzt endlich konnte sich Umiak hinlegen. Er kroch zu Larsen unter die Decke und versank augenblicklich in Schlaf.

Larsen erwachte bei hellem Tageslicht. Er fühlte sich schwach, aber sein Kopf war klar, und zum ersten Mal seit dem Flugzeugabsturz war ihm rundherum warm. Das weiche Karibufell unter ihm isolierte ihn gegen die Steine und bildete ein gemütliches Nest. Seine Arme und Beine waren immer noch schrecklich steif und schmerzten bei jeder Bewegung, aber zumindest konnte er mühelos atmen, und die Hungerkrämpfe waren verschwunden. Allerdings hatte er schrecklichen Durst.

Der Durst zwang ihn schließlich, sein Lager zu verlassen, den Becher herauszusuchen und zum Fluß hinunterzugehen. Erst nachdem er zwei Becher getrunken hatte, fiel ihm auf, daß Umiak fehlte. Verblüfft sah er sich um.

Dazu war es also gekommen, dachte er. Umiak hatte ihn zurückgelassen. Er hatte ihm ein Lager, Nahrung und Wasser verschafft und war weitergezogen. Larsen mußte sterben wie der Mann in der Höhle ... Andererseits schien Umiak selbst überhaupt nichts mitgenommen zu haben, und das erschien auch unwahrscheinlich. Vielleicht war er gar nicht weit entfernt, hatte einen Unfall gehabt und lag jetzt irgendwo verletzt am Fluß.

Plötzlich ertrug Larsen die Einsamkeit und die Stille nicht länger. »Umiak!« brüllte er. »Umiaaak!« Aber nur das Echo antwortete ihm. Umiak ließ nichts von sich hören. Larsen fiel auf die Knie und starrte in das schwarze Wasser eines Tümpels. Auf der Oberfläche spiegelte sich das Gesicht eines Fremden: hager, knochig, umrahmt von einem verwilderten blonden Bart.

Dann begann er leise zu lachen. Obwohl er in einer Gesellschaft mit strengem presbyterianischen Glauben aufgewachsen war, war er selbst nie ein besonders religiöser Mensch gewesen. Was er im Laufe eines Lebens mitangesehen hatte, hatte in ihm Zweifel an der Existenz Gottes erweckt. Doch der Glaube in ihm war unausrottbar, was in diesem Augenblick wie blanke Ironie erschien. »Christus«, sagte er, »wenn du gestorben bist, um mich von meinen Sünden zu erlösen, dann hast du deine Zeit verschwendet. Ich werde hier sterben, in dieser Einöde, die dein Vater erschaffen hat. Wofür? Für die Wölfe? Für die Bären? Oder für die Karibus? Für mich sicher nicht. Oder bin ich nicht wichtiger als sie?«

Sein Spiegelbild grinste ihn mit gefletschten Zähnen an. Es war ein wölfisches Grinsen. Und plötzlich hob Larsen einen Stein auf und warf ihn ins Wasser. Das Spiegelbild löste sich auf. Larsen wandte sich ab und humpelte wieder zum Lager hinauf. Er besann sich darauf, daß er etwas von dem Karibufleisch kochen sollte, aber er war im Moment nicht besonders hungrig. Er wußte auch, daß er eigentlich den Verband an seinem Bein wechseln mußte, aber er war viel zu apathisch, um sich die Mühe zu machen. Zusammengekrümmt blieb er auf dem Uferrand sitzen und schaute das Tal hinunter nach Norden in die frosterstarrte, eintönige Landschaft.

Unvermittelt tauchte eine dunkle Gestalt aus einer verborgenen Senke auf. Es war ganz sicher Umiak! Ungeheuer erleichtert sprang Larsen auf und winkte mit hoch erhobenen Armen. Als die Gestalt keinerlei Reaktion zeigte, erkannte er seinen Irrtum. Das war kein Mann, sondern ein einsames Karibu auf dem Weg nach Süden auf der Suche nach dem Rest seiner Herde. Wäre Umiak vorher nicht so schießfreudig gewesen, hätte er das auch erlegen können. Wenigstens sein Fell wäre nützlich gewesen. Dann sah er noch einmal genauer hin und erkannte, daß es doch Umiak war, der unter einer mächtigen Last dürrer Äste heranstapfte.

Larsen humpelte ihm ein paar Schritte entgegen, um ihn von seiner Last zu befreien. Umiak richtete sich auf und knurrte erleichtert. Zum ersten Mal entdeckte Larsen Spuren von Müdigkeit und Erschöpfung im Gesicht des anderen.

»Sie sind ja schon fleißig gewesen«, sagte Larsen. »Nur gut, daß wenigstens einer von uns bereit ist zu arbeiten, wenn schon der andere den ganzen Tag auf der faulen Haut liegt.«

Umiak grinste. »Ich habe gehofft, Sie würden etwas länger schlafen. Sie brauchen noch Ruhe.«

»Ich habe sehr gut geschlafen«, erwiderte Larsen. »So ein Karibufell ist ein herrliches Bett.«

»Für unsere Gäste ist das Beste gerade gut genug«, sagte Umiak ernst, dann lachten sie beide.

»Warum sind Sie nicht liegengeblieben?«

»Ich war sehr durstig, als ich aufgewacht bin«, sagte Larsen, »Und als Sie nicht da waren ...«

»Da haben Sie wahrscheinlich gedacht, ich hätte Sie verlassen, nicht wahr?« sagte Umiak.

»Nein, nein, das nicht!« sagte Larsen, dann zögerte er. »Nun, um ehrlich zu sein, es kam mir in den Sinn, aber dann dachte ich, Sie sind wahrscheinlich auf Erkundigung gegangen, und dann fing ich an, mir Sorgen zu machen, daß Sie sich verirrt haben oder verunglückt sind ...« Er brach ab.

»Es war mein Fehler«, gab Umiak zu. »Ich hätte nicht weggehen dürfen, ohne etwas zu sagen. Wir machen einen Vertrag, ja?

Von jetzt an geht keiner mehr weg, ohne dem anderen zu sagen, wohin er geht und warum. Das ist vernünftiger. Ich hätte daran denken sollen.«

»Geben wir uns die Hand darauf«, sagte Larsen. Plötzlich hatte er Hunger.

Eine Stunde später waren die Männer gesättigt. Sie hatten jeder ungefähr ein Pfund fettes Karibufleisch gegessen, das sie über dem Reisigfeuer gegrillt hatten. Jetzt stand die Feldflasche in der Glut, und das Wasser darin kochte sprudelnd. »Jetzt wäre eine schöne Tasse Kaffee recht«, murmelte Larsen.

»Tee könnte ich Ihnen anbieten«, erwiderte Umiak. »Echten Labrador-Tee.« Er griff nach einem Bündel Kräuter, die er offenbar zusammen mit dem Reisig geholt hatte, streifte von einem der Zweige die Blätter ab und warf sie in die Thermosflasche. Dann goß er das kochende Wasser aus der Feldflasche darüber. Larsen kostete den heißen Blättersud mit gebührender Vorsicht. Er schmeckte aromatisch, fast wie eine Medizin; Larsen beschloß, das Getränk schmackhaft zu finden, und leerte den Becher mit wenigen Schlucken.

»Wissen Sie«, sagte er nachdenklich. »Allmählich habe ich das Gefühl, daß Ihre Leute ein tolles Leben gehabt haben müssen, als die Jagd noch gut war. Ich meine, es war sicher nicht leicht, aber gut.«

Umiak dachte eine Weile nach. Er versuchte, sich daran zu erinnern, daß dieser weiße Mann auch nicht besser war als die anderen. Keiner konnte das herrliche Leben von früher verstehen! Aber dieser Larsen war der Sache auf der Spur, und Umiak wollte, daß er wirklich verstand.

»Das Leben war leicht, und es war hart«, sagte er schließlich. »Wenn ein Jäger am Morgen aufwachte und einen starken ablandigen Wind hörte, dann wußte er, daß die Robben weit draußen auf See bleiben würden und daß er vielleicht tage- und wochenlang nichts zu tun haben würde. Aber wenn das Wetter gut war, hatte die Jagd vor allem anderen Vorrang. Man mußte vielleicht einen ganzen Tag warten, bis man eine Robbe erbeutete. Aber dann hatte man auch bis zu einer halben Tonne Fleisch und Fett. Allerdings mußte man so eine Beute kilometerweit über das Eis schleifen. Das war schwere Arbeit. Und wenn die Lachse stiegen, mußte man oft zwei, drei Wochen lang jeden Tag achtzehn Stunden lang arbeiten. Aber die Wildnis ernährte uns, und wir nahmen stets nur das Beste; die fettesten Karibukälber, die zartesten Lachse und die saftigsten Beeren. Wir schliefen auf den weichsten Fellen, und unsere Frauen trugen die kostbarsten Pelze. Das Leben war gut, und wir waren glücklich. Und irgendwann wird es auch wieder gut werden.«

Umiak unterbrach sich und kicherte: »Ein kluger Mann, ein Weißer, hat einmal gesagt: Die Indianer jagen, um zu leben, aber die Eskimos leben, um zu jagen. Da ist viel Wahres dran, glaube ich.«

»Aber besteht nicht die Gefahr«, gab Larsen zu bedenken, »daß Sie den Überfluß erschöpfen, den die Wildnis zu bieten hat? Schließlich habe ich gehört, daß Ihre Leute zeitweise verhungert sind.«

Umiak nickte ernst. »Das stimmt. Mein Volk war eine Weile gedankenlos und verschwenderisch. Zuerst haben uns die Walfänger Geld gegeben, damit wir für sie jagten. Wir töteten die großen Wale lediglich des Trans wegen und ließen den Großteil des Fleisches verderben. Wir töteten mehr Karibus, als wir brauchten, um Fleisch für die Walfänger und Pelzhändler zu haben. Und natürlich verkauften wir Pelze, anstatt nur soviele Tiere in Fallen zu fangen, wie wir für uns selbst brauchten.«

Er seufzte nachdenklich. »Wir brauchen also Beschränkungen, aber manche Leute werden sich widersetzen. Darum ist es wichtig, daß diese Jagdbeschränkungen von uns beschlossen und akzeptiert und uns nicht von den Weißen diktiert werden, die unsere Lebensweise nicht verstehen.«

»Und was bieten Sie im Gegenzug?« fragte Larsen.

»Wir haben bereits viel gegeben. Wir haben Land gegeben, Land, das zehntausend Jahre uns gehört hat. Wir bieten seine Erdölvorräte an, zu einem fairen Preis. Wir bieten unsere Arbeitskraft. Und wir versuchen, Ihre Streitkräfte willkommen zu heißen«, erwiderte Umiak. »Besonders einige unserer jungen Damen.«

»Ein paar von ihnen sind auch sehr hübsch«, meinte Larsen und dachte dabei an das Mädchen in der Bar.

»Die Soldaten oder die Damen?« fragte Umiak.

Plötzlich gab es zwischen ihnen eine Vertrautheit, und die Unterschiede ihrer Herkunft verschwanden hinter den vorsichtigen Ansätzen einer Freundschaft.

»Wir sollten noch ein Stück weitergehen, wenn Sie können«, schlug Umiak vor. »Ungefähr eine Meile östlich von hier gibt es einen guten Lagerplatz. Ein Felsüberhang in der Nähe eines Wasserfalls. Da gibt es Beeren und viel trockenes Holz. Wir könnten ein paar Tage lang rasten, uns ausruhen, gut essen und wieder zu Kräften kommen. Dabei würden wir immer noch genug Fleisch für den Rest des Weges übrigbehalten.«

Trotz seiner Erschöpfung wollte Larsen gleich aufbrechen, aber Umiak war müde. Er war an diesem Morgen schon fast zehn Kilometer gelaufen, die Hälfte der Zeit mit einer schweren Last auf dem Rücken. »Wir haben keine Eile«, murmelte er. »Ich werde mich ein Weilchen ausruhen. Warum angeln Sie in der Zwischenzeit nicht ein bißchen? In diesem tiefen Wasserloch da drüben sitzt bestimmt ein Fisch, da könnte ich wetten.«

Damit ließ er sich auf das Lager zurücksinken und war nach wenigen Minuten fest eingeschlafen. Larsen setzte seine Angelrute zusammen und humpelte zum Flußufer. Er hockte sich an das obere Ende des tiefen Wasserlochs, das der Fluß hier ausgewaschen hatte. Dann warf er die Angel aus und zog einen kleinen goldenen Blinker durch das tiefe Wasser am anderen Ufer. Schon beim dritten Wurf spürte er einen plötzlichen Ruck an der Leine. Die Rute bog sich, und Sekunden später zappelte eine ungefähr pfundschwere Äsche neben ihm auf der Kiesbank. Zwei Würfe später fing er eine zweite von ungefähr demselben Gewicht. Dann rührte sich lange Zeit nichts mehr, aber als er fast schon aufgeben wollte, spürte er noch einmal einen heftigen

Ruck an der Angel, und die Rute bog sich weit zum Wasser hinunter. Diesmal hatte er einen größeren, stärkeren Fisch an der Angel, der ein paarmal wild hin- und herschoß, ehe er müde wurde und sich auf die Seite legte. Es war ein schöner Saibling mit leuchtend rotem Bauch; er mußte mindestens drei Pfund wiegen.

Larsen machte noch eine Zeitlang weiter, wobei er das Wasserloch jetzt systematisch von oben nach unten abfischte, aber es gelang ihm kein Fang mehr. Schließlich nahm er seine Beute und ging zum Lager zurück. Da Umiak immer noch schlief, steckte er die Fische auf das Karibugeweih. Dann streckte er sich ebenfalls aus, um zu schlafen.

12

Der Lagerplatz, den Umiak ausgesucht hatte, war im Verhältnis zu allen früheren geradezu luxuriös. Unter einem weit vorspringenden Sandsteinfelsen, der sie vor dem Wetter schützte, breiteten sie ihr Karibufell auf einer bequemen Unterlage von federnden Zweigen und weichem Moos aus. Am Ufer des Flusses lag reichlich trockenes Weiden- und Erlenholz, das vom Schmelzwasser dort hingespült worden war, und bald flackerten in einer aus Steinen errichteten Feuerstelle muntere Flämmchen. Die blanke Unterseite des Schlittens benutzten sie als Reflektor, der ihnen die Wärme in den Unterstand warf. Fleisch, Fisch und Beeren hatten sie im Überfluß.

Aber Larsen war in sehr schlechter Verfassung. Die Anstrengung, die nötig gewesen war, um den schwerbeladenen Schlitten ein paar Meilen flußaufwärts zu ziehen, hatte ihn sehr mitgenommen. Er hatte schrecklichen Durst, und sein gerötetes Gesicht zeigte, daß sein Fieber rasch anstieg. Das Bein pochte und brannte, und unter der früheren Wunde bildete sich ein neues Geschwür, das äußerst schmerzempfindlich war.

Umiak füllte frisches Wasser in die Feldflasche und stellte sie aufs Feuer. Dann holte er einen Stoffetzen, und sobald er das Wasser warm genug fand, begann er Larsen heiße Umschläge zu machen. Eine Stunde lang lag Larsen mit zusammengebissenen Zähnen auf dem Rücken und versuchte, den Schmerz auszuhalten. Schließlich griff er in die Tasche und holte sein kleines Messer heraus. »Schneiden Sie es auf!« stöhnte er. »Lassen Sie das Gift raus!«

Umiak nahm das Messer, zog die kleinste Klinge heraus und prüfte sie mit dem Daumen. Sie war rasiermesserscharf. Ohne zu zögern, stieß Umiak die Spitze in das Geschwür und führte die Klinge nach unten. Larsen schrie laut, als Blut und Eiter aus der Wunde spritzten.

»So, jetzt ist es vorbei«, sagte Umiak und warf seinem Patienten eine befriedigten Blick zu. Aber Larsen war ohnmächtig geworden. Umiak benutzte die Gelegenheit, um den Abszeß gründlich zu säubern. Er wollte die Wunde schon mit einem Stoffstreifen verbinden, als ihm einfiel, daß seine Mutter immer Weidenrinde für Verbände benutzt hatte. Rasch sammelte er ein paar dünne Weidensprößlinge, löste die Rinde herunter und schnitt sie in kleine Stücke. Dann verkochte er die Rindenstücke in der Feldflasche mit etwas frischem Wasser zu einem groben Brei. Als er die überschüssige Flüssigkeit abgegossen und in den Becher gefüllt hatte und der Rest einigermaßen abgekühlt war, hatte sich auch Larsen wieder erholt. Er wehrte sich nicht, als ihm Umiak die Weidenrindensalbe auf die Wunde packte, aber er protestierte energisch, als Umiak verlangte, er solle den bitteren Weidensaft trinken. Schließlich leerte er den Becher aber doch auf einen Zug. Bald darauf schien das Fieber zu sinken, und Larsen fiel in einen traumlosen Schlaf.

In dieser Nacht kamen die Wölfe. Umiak hörte sie um die Eingeweide des Karibus kämpfen, die weiter unten im Tal lagen, aber er wußte, daß sie damit nicht lange zufrieden sein würden. Er blieb deshalb wachsam, legte Holz nach, damit das Feuer hell brannte, und paßte scharf auf den kostbaren Fleischvorrat auf.

Larsen bewegte sich neben ihm unruhig im Schlaf, wachte aber nicht auf.

Stunde um Stunde verging, die Sterne zogen unbeeindruckt ihre Bahn über den wolkenlosen Himmel. Von Zeit zu Zeit warf Umiak ein Stück Holz in die Glut und unterhielt so immer wenigstens eine winzige Flamme, die in der Dunkelheit flackerte. Er saß über das Feuer gekauert, um so viel wie möglich von der Wärme zu profitieren. Trotz allem nickte er immer wieder ein, genoß kurze Augenblicke gnädigen Vergessens. Jedesmal rückten die Wölfe näher heran und stoben auseinander, wenn er mit einem Ruck hochfuhr und sie mit Steinen bewarf.

Er nahm einen langen Weidenstock und spitzte das eine Ende zu. Dann setzte er sich so hin, daß das stumpfe Ende des Stocks zwischen den Steinen steckte, das spitze unter seinem Kinn. Jedesmal, wenn er eindöste, ließ ihn nun ein schmerzhafter Nadelstich hellwach hochfahren. Irgendwann würde der Morgen kommen, und mit dem anbrechenden Tag würden die Wölfe verschwinden. Dann konnte er schlafen.

Es bestand keinerlei Aussicht, am Morgen weitermarschieren zu können. Beide Männer waren erschöpft, und Larsens Bein mußte heilen. Umiak war überzeugt, daß sie noch einen weiten Weg vor sich hatten, und er bezweifelte stark, daß sie in der Lage sein würden, soviel Fleisch und sonstige Nahrung zu transportieren, daß es für den Rest des Weges reichte. Vielleicht konnten sie das Fleisch in Streifen schneiden und trocknen oder über dem Feuer zu räuchern versuchen? Das würde den Umfang, vor allem aber auch das Gewicht erheblich verringern und – vermischt mit Beeren – für lange Zeit Nahrung geben. In jedem Falle aber war es ratsam, soviel wie möglich jetzt schon zu essen. Wenn nur das gute Wetter anhielt!

Larsen war schwach, aber deutlich erholt, als er aufwachte, und er aß mit großem Appetit ein Stück von dem Fisch, den Umiak in der Feldflasche gekocht hatte. Seine Wunde sah sauberer und gesünder aus, und die Entzündung ging sichtlich zurück. Die Weidenrindenbehandlung wirkte offenbar gut, und deshalb wiederholte Umiak sie jetzt. Als Larsen allerdings aufzustehen versuchte, mußte er feststellen, daß das verletzte Bein kaum sein Gewicht trug. Er mußte sich also wieder hinlegen und ausruhen, während Umiak das Fleisch trocknete und Beeren sammelte.

Den größten Teil des Tages verbrachten sie schlafend und essend, so daß sie in der Nacht beide wach waren und vorbereitet darauf, die Wölfe abzuwehren. Schon als die lange arktische Dämmerung einsetzte, hörten sie das Rudel zum ersten Mal heulen, und ein- oder zweimal sahen sie auf der anderen Seite des Baches, an dem sie jetzt lagerten, einen grauen Schatten vorbeihuschen. Umiak hatte einen großen Holzvorrat gesammelt, und sie sorgten dafür, daß ihr Feuer immer hell brannte. Umiak hatte Larsen eindringlich klargemacht, daß sie mit Brennstoffvorrat sparsam sein mußten, deshalb war Larsen um so entsetzter, als er sah, wie rasch der Holz- und Reisighaufen dahinschmolz. Sie hatten bereits jedes winzige Holzsplitterchen aus der unmittelbaren Nähe ihres Platzes eingesammelt. Umiak erklärte, daß die ständige Suche nach Brennmaterial einen entscheidenden Einfluß auf die Lebensweise der Nomaden habe.

Von Zeit zu Zeit verscheuchten sie die Wölfe mit Steinwürfen, aber trotzdem hatten sie das Gefühl, daß das Rudel immer näher herankam. Larsen fragte sich, was er wohl getan hätte, wenn er jetzt allein gewesen wäre. Vorsichtig fragte er Umiak, wie er darüber dachte.

Umiak dachte eine Weile nach. »Allein zu sein, ist für niemanden gut«, sagte er schließlich. »Ich habe Trapper gekannt, die wochenlang allein in den Wäldern gelebt haben und dabei sehr merkwürdig wurden. Zwei Menschen können miteinander auskommen, aber sie müssen sehr gute Freunde sein, ein Leben lang, andernfalls zerstreiten sie sich früher oder später. Drei Menschen bedeuten Schwierigkeiten, zwei von ihnen schließen sich immer gegen den dritten zusammen, bis die Messer gezogen werden.«

Er lachte und warf noch einen Ast ins Feuer. Er beobachtete, wie die gelben Flammen frisch aufflackerten. »Manchmal denke ich, wir sind genauso wie diese Wölfe da draußen, Rudeltiere, die einander brauchen, um durchzukommen. Ein Mann wird nicht deswegen respektiert, weil er ein guter Jäger ist, sondern weil er ein guter Jäger ist, der teilt. Ein Mann, der sein Fleisch für sich behält, wird gehaßt und verachtet. Einmal habe ich von einem Mann gehört, der nach Süden gereist war und die Lebensweise der Weißen kennengelernt hatte. Nach seiner Rückkehr eröffnete er in seinem Dorf einen Laden, in dem er die Waren verkaufte, die seine Leute brauchten. Innerhalb eines Monats war er pleite. Er hatte alle Waren kostenlos weggeben oder verliehen. Trotzdem mußte er nicht leiden oder verhungern. Jeder brachte ihm Geschenke, manche gaben ihm sogar die Dinge wieder, die er vorher verschenkt hatte. Danach gab er den Laden auf und wurde Jäger, wie die übrigen.«

Larsen dachte eine Weile darüber nach. »Aber Sie besitzen ein Walboot«, sagte er dann.

»Richtig«, antwortete Umiak. »Wie mein Vater vor mir, aber ich besitze die Wale nicht, die wir fangen. Jeder Fang wird geteilt, entsprechend den alten Bräuchen, und meine Crew fährt nur mit mir, weil ich Geschick darin habe, die Wale ausfindig zu machen. Wenn das nicht der Fall wäre oder wenn ich meinen Fang nicht teilte, würde mich die Crew verlassen, und mein Boot wäre nutzlos.«

Ein plötzliches Knurren und eine kurze Beißerei innerhalb des Wolfrudels unterbrachen Umiak, und er warf einen weiteren kantigen Stein in Richtung der Tiere. In die danach einsetzende Stille hinein sagte er leise: »Sowohl der Mensch als auch der Wolf sind Herdentiere. Allein sind sie ängstlich, gemeinsam haben sie mehr Mut. Dennoch hat der Wolf den Menschen immer gefürchtet, wahrscheinlich aus dem einfachen Grund, daß der Mensch gelernt hat, mit Steinen zu werfen. Das werden die Wölfe nie lernen. Ihre Pfoten haben einfach nicht die richtige Form.«

Larsen lachte, teils über die unmögliche Vorstellung von einem steinewerfenden Wolfsrudel, teils über den schieren Irrsinn ihrer Situation. Da hockten sie mitten im Nirgendwo, bewachten einen Haufen rohes Karibufleisch und unterhielten sich, als säßen sie vor einem Drink in einer Großstadtbar. Dennoch konnte er nur mit Schaudern daran denken, wie es wäre, wenn er hier allein neben einem erlöschenden Feuer läge, umgeben von einem Rudel hungriger Wölfe. In Umiaks Worten lag eine Menge Wahrheit. Der Mensch und der Wolf ähnelten einander sehr, einer war beinahe das Spiegelbild des anderen. Und trotzdem fürchtete der Mensch den Wolf.

Wieder zeigte Umiak eine unheimliche Treffsicherheit beim Erraten von Larsens Gedanken. »Die Angst vor dem Wolf beruht vor allem auf unserer Einbildung«, sagte er. »Wir trauen ihm alle möglichen Eigenschaften zu, die er in Wirklichkeit gar nicht hat.«

Die Wölfe schienen jetzt nicht mehr näherzukommen. Die Stunden vergingen, und Larsen war gerade ein bißchen eingenickt, als plötzlich aus der leeren Weite der Tundra das tiefe, langgezogene Heulen eines anderen Wolfes ertönte. Erregung erfaßte das wartende Rudel, heiseres, aufgeregtes Bellen zerriß die Nacht, flüchtende Gestalten rannten durcheinander. Im nächsten Augenblick waren die beiden Männer allein unter dem Sternenhimmel.

Larsen lag eine Weile wach, aber das Wolfsrudel kehrte nicht zurück. Endlich schlief er wieder ein. Doch Umiak blieb weiter sitzen, seine Augen glitzerten im Schein des Feuers, seine zusammengekrümmte Gestalt verharrte regungslos, als sei sie aus Stein gemeißelt. Ungeachtet dessen, was er gesagt hatte, wußte er, daß es zwischen dem Wolf und dem Menschen gravierende Unterschiede gab, und zwar zugunsten des Wolfes. Der Wolf hatte die richtigere Lebensweise, er war mehr zuhause in der Wildnis, mehr eins mit der Natur als selbst die Inuit. Von Anfang an war der Wolf besser fürs Überleben ausgestattet. Er konnte die Kälte und die langen Frostperioden eher ertragen und besaß die Fähigkeit, weite Strecken ohne ersichtliche Anstrengung zurückzulegen. Umiak kam zu dem Schluß, daß sich seine Vorfahren besser in der Wildnis zurechtgefunden hatten als er selbst. Er kam sich vor wie ein Mann zwischen zwei Welten, nicht willens, die eine zu betreten, und unfähig, in die andere zurückzukehren. Wie auch immer, die Zukunft erschien ihm unsicher und düster.

Die Nacht war beinahe zu Ende. Zwar lag die Dämmerung noch in weiter Ferne, aber die Dunkelheit hatte an Dichte verloren und verlieh den umgebenden Felsen und Büschen Form und Gestalt. Umiaks Kopf sank im Schlaf vornüber. Einmal erwachte er steif und kalt und tastete nach einem Ast, um ihn ins ersterbende Feuer zu werfen. Es war keiner mehr da. Sie hatten ihren Vorrat an Brennmaterial aufgebraucht.

Die Hände fielen ihm in den Schoß, als der Schlaf ihn wieder übermannte. In diesem Augenblick kehrten die Wölfe zurück. Ihre Begegnung mit dem anderen Wolfsrudel war kurz und wirkungsvoll gewesen. Sie waren kräftiger und zahlreicher und hatten die fremden Wölfe durch kurzes und unblutiges Zurschaustellen ihrer Kraft von ihrem Territorium verjagt. Nun waren sie wieder da, um zu beanspruchen, was sie als ihre rechtmäßige Beute betrachteten.

Larsen wurde plötzlich von Umiaks lauten Schreien geweckt. Umiak stand neben ihm und warf einen großen Stein nach dem anderen in Richtung der Wölfe. Die Nacht war ringsum mit grauen Schatten erfüllt. Einer der Wölfe streifte Larsens Schulter, als er die Decke beiseitewarf und ebenfalls aufsprang. Auch Larsen schrie jetzt und schleuderte Felsbrocken in Richtung der Angreifer, aber noch ehe er richtig in Fahrt war, verschwand das Wolfsrudel im Dunkel.

Gemeinsam gingen sie die paar Schritte bis zu dem Steinhaufen, wo sie ihren Fleischvorrat aufbewahrt hatten. Der größte Teil war verschwunden, nur die Hinterbeine waren noch da. »Ich habe es ihnen zu leicht gemacht«, schimpfte Umiak. »Wenn ich das Tier nicht zerlegt hätte, wäre unser Fleisch jetzt noch da. Die einzelnen Stücke konnten sie natürlich viel leichter davontragen.«

»Sie konnten doch nicht wissen, daß ...« begann Larsen.

»Genau das ist der springende Punkt«, schimpfte Umiak. »Ich hätte es wissen *müssen*. Ich hätte daran denken sollen. Wenigstens haben sie die Hinterbeine übriggelassen. Ein Glück, daß ich keine Axt hatte, sonst hätte ich die auch noch zerteilt, und sie wären jetzt weg. Ich hätte daran denken sollen«, beschuldigte er sich selbst erneut. »Ein Mensch kann sich in der Wildnis nicht zu viele derartige Fehler erlauben, wenn er überleben will.«

»Nun ja«, sagte Larsen trocken, »auf diese Weise hat sich wenigstens die Frage, wie wir das Fleisch transportieren sollen, erledigt. Und wir haben immer noch das getrocknete Fleisch, die Beeren und die saftigen Keulen. Es könnte schlimmer sein ... Außerdem«, sagte er mit einem Blick ins Dunkel, »sieht es fast so aus, als könnten wir unseren Vorräten noch etwas Wolfsfleisch hinzufügen.«

In der Dunkelheit war Umiaks Gesichtsausdruck nicht zu erkennen, als er Larsen mit neuem Interesse und Respekt ansah. Hier war anscheinend wenigstens *ein* weißer Mann, der lernte, in der Wildnis zu leben. In der Tat lag am Rand des Lichtkreises ein Jungwolf am Boden und streckte alle Viere von sich. Einer ihrer Steine hatte ihn offenbar zufällig am Kopf getroffen. Ein Auge war eingeschlagen, und aus dem Ohr sickerte noch immer Blut. Vorsichtig zog Umiak das Tier am Schwanz und schleifte es ein Stück weit über den Boden. Er wußte, daß es Männer genug gab, die von einem scheinbar toten Wolf gebissen worden waren. Aber das Jungtier war wirklich tot. Gemeinsam trugen sie es ans Feuer. »Wissen Sie«, sagte Umiak, »ich habe noch nie Wolf gegessen.«

Zum Frühstück schnitten sie sich etwas Wolfsfleisch in ihre Karibubrühe und fanden es sehr schmackhaft. »Eigentlich ist das gar nicht weiter erstaunlich«, sagte Umiak kauend. »Viele Dinge sind sehr gut eßbar, nur sind die Leute nicht bereit, sie zu versuchen. Stachelschwein zum Beispiel, und Luchs. Luchsfleisch ist köstlich, vor allem, wenn die Katze eine Menge Kaninchen gefressen hat. Fuchs schmeckt auch sehr gut, aber wer ißt schon Fuchs? Das Wolfsfleisch hier schmeckt auch ein bißchen nach Fuchs.« Plötzlich lachte er in sich hinein und grinste Larsen vergnügt an. »Bei uns gibt es ein Sprichwort: Wer Wolfsfleisch ißt, heißt es, kriegt freche Kinder.«

Larsen lächelte wehmütig. »Hoffentlich haben wir noch Gelegenheit, diese Theorie auszuprobieren. Vorläufig geht es mehr darum, am Leben zu bleiben. Was meinen Sie? Gehen wir weiter?«

»Viel hält uns hier nicht«, gab Umiak zu. »Wir sollten aufbrechen, solange wir noch zu essen genug haben. Vielleicht haben wir auch weiterhin Glück, aber man sollte sich nicht zu sehr darauf verlassen. Was macht denn Ihr Bein?«

»Es geht ihm besser«, sagte Larsen. »Ich werde gleich den Verband wechseln.«

Die Wunde sah sauber und entzündungsfrei aus, und als sie frisch verbunden war, machte sie ihm kaum noch Beschwerden. Sie machten sich daran, das Lager abzubrechen und den Schlitten zu beladen. Dabei achteten sie darauf, daß die Karibuhaut mit der Fellseite nach unten lag, so daß die Innenseite im frischen arktischen Wind trocknen konnte. Sie zeigte auch keinerlei Spuren von Fäulnis. Nachdenklich betrachtete Larsen den dichten Wolfspelz, den Umiak über einen großen Felsen gespannt hatte. Zum ersten Mal wurde ihm bewußt, wie schön dieses dichte, grau–schwarze und blaßgraue Fell mit seinen langen silbernen Grannen war, und er bedauerte fast, daß der Wolf tot war. »Wer von uns wohl den Stein geworfen hat, der ihn getötet hat?« fragte er.

Umiak warf ihm einen prüfenden Blick zu. »Ist das wichtig?« fragte er.

Larsen wußte nicht, was er antworten sollte. Er hatte darüber nachgedacht, daß der Pelz eine schöne Mütze für Sylvia abgeben würde, und dann hatte er sich gefragt, ob sie wohl die Frau sein würde, die ihm freche Kinder schenkte. Daraufhin brach eine Welle von Zärtlichkeit und Heimweh über ihn herein. Und wieder war er überrascht, wie leicht plötzliche Gefühlsausbrüche seine Selbstbeherrschung erschüttern konnten. Es lag wohl an der Wildnis, daß die Rührseligkeit ihn überkam wie der Katzenjammer einen Betrunkenen.

»Behalten Sie den Pelz, wenn Sie wollen«, sagte Umiak beiläufig. »Es kann genausogut Ihr Stein gewesen sein wie meiner.«

Larsen bedankte sich verlegen. Wieder einmal hatte er das Gefühl, daß Umiak in seinen Gedanken gelesen hatte.

Am späten Vormittag waren sie marschfertig. Der Schlitten war schwerer als je zuvor, aber sie kamen gut voran. Es war vollkommen windstill, und ein leichter Dunstschleier milderte den grellen Sonnenglanz auf dem Schnee. Der Weg, den sie eingeschlagen hatten, führte nach Osten. Sie folgten einer sanften Hügelkette und kamen langsam, aber stetig voran. Gelegentlich machten sie einen Augenblick Rast, ehe sie ihr Gewicht erneut ins Zugseil legten. Weder Umiak noch Larsen ahnten dabei, daß sie wieder in die Berge gingen. Noch etwas ahnten sie nicht: Hätten sie sich nach Süden gewandt und wären ein paar Meilen das Hauptflußtal hinaufgegangen, wären sie nicht nur zu einer, sondern zu zwei Hütten gekommen, die ihnen Wärme und Schutz vor dem nahenden Winter geboten hätten. Doch ohne Fleisch hätte ihnen das ohnehin nichts genützt.

13

Hinsichtlich des Bären hatte Umiak sich geirrt.

Überall in der eisigen Wildnis der Arktis, auf kahlen Felsen und begraben unter weichen Moos- und Farnteppichen, lagen die zermalmten Knochenreste von Männern, die geglaubt hatten, Grizzlybären könnten keine Bäume erklimmen oder nicht über Abgründe springen. Diese beiden Irrmeinungen hielten sich hartnäckig, und Umiak glaubte trotz seiner Erfahrung felsenfest an beide. Daher dachte er nicht an eine Bedrohung durch den

Bären, denn er war überzeugt, sie hätten ihn weit hinter sich gelassen.

In Wirklichkeit war der Bär ganz in der Nähe der beiden Männer. Er schnüffelte auf dem Lagerplatz herum, den Umiak und Larsen am Morgen verlassen hatten. Den Abgrund hatte er mühelos übersprungen, und er hatte auch einen weit bequemeren Weg von den Bergen herunter gefunden als die Männer.

Im Tal war er auf das angeschossene Karibu gestoßen und hatte sich den Bauch vollgeschlagen bis zum Platzen. Dann hatte er den Rest des Tages verdöst und nur ein paar Vielfraße verjagt, die sich am Festmahl beteiligen wollten. In der Nacht hatten es die Räuber noch einmal versucht, und trotz seiner wütende Ausfälle war es ihnen gelungen, einen beträchtlichen Teil der Beute wegzuschleppen. Am Ende des zweiten Tages waren dem Bären nur noch die Knochen geblieben, die er einzeln zerbiß, um das Mark auszusaugen. Von den Raben ausgerupfte Haare lagen büschelweise über den Schnee verstreut, der jetzt rosa gefärbt und übersät war von winzigen Fetzen gefrorenen Fleisches. Die Reste des Kadavers schienen im Erdboden versunken zu sein. Nur der Schädel mit einem Teil des Geweihs lag zwischen den Steinen.

Nach und nach verlor der Bär das Interesse an den Resten. Ihm stand der Sinn mehr nach warmem Fleisch, das nach Blut und Salz roch oder, noch besser, süß nach Verwesung duftete. Er ging zum Fluß hinunter, trank ein bißchen von dem eiskalten Wasser und zog dann langsam flußabwärts. Sein Schneemantel war noch dicker geworden. Lange, gelblich–verschmutzte Eiszapfen hingen an seinen Flanken. Schnauze, Brust und Tatzen waren rot verfärbt. Nur der mächtige Kopf war frei von Schnee, und die kleinen Augen glitzerten schwarz in der Sonne.

Er hielt sich lange bei dem verlassenen Lagerplatz auf. Es gab hier vieles, was sein Interesse weckte: Knochen und Sehnen, Fischköpfe und die Überreste des Wolfs. Und als er die Gerüche erforschte, die über der Schlafstelle hingen, sagte ihm seine Nase noch mehr. Wieder fand er jenen Verwesungsgeruch, der ihn zu der Leiche im Steingrab geführt hatte. Der Geruch führte ihn auf die Spur der Männer, und langsam folgte er ihnen das Tal hinauf.

Am Nachmittag kam Nebel auf. Die beiden Männer wanderten stetig talaufwärts; die winzigen Wassertröpfchen, die sich überall festsetzten, gefroren im eisigen Wind. Trotz der Anstrengung drang ihnen die Kälte bald bis ins Mark, eine rauhe, feuchte Kälte, die sie weit mehr auszukühlen schien als die trokkenen Minustemperaturen, die sie während der letzten Tage erlebt hatten.

Sie versuchten, sich aufzuwärmen, indem sie ihre Schritte beschleunigten, aber nach einer Weile zwangen Schwäche und Erschöpfung sie zu einer langsameren Gangart.

Der Schnee war tiefer hier, und der Wind hatte ihn so zusammengeweht, daß sie oft bis zu den Knien versanken. Zuerst war der Schnee angenehm pulvrig, aber allmählich begann der gefrierende Nebel auf der Oberfläche eine Eiskruste zu bilden, in die sie bei jedem Schritt einbrachen.

Trotzdem stapften sie Schritt für Schritt weiter, vorsichtig, stets darauf gefaßt zu fallen und im Bewußtsein, daß der Weg allmählich höher hinaufführte. Die Nebelwolke verminderte nicht nur die Sicht, sondern umhüllte sie auch mit einer bedrückenden Stille. Sie mußten sich anstrengen, um noch das gedämpfte Murmeln des Baches zu hören, der ihnen den Weg wies. Die Männer selbst blieben stumm, sie brauchten jedes Quentchen Kraft, um in Bewegung zu bleiben.

Plötzlich stieg der Talboden steiler an als zuvor, und wenn die Nebelwolke für kurze Augenblicke dünner wurde, konnten sie zu ihrer Rechten schroffe Felsen erkennen. Der Weg wurde immer mühseliger, und Umiak wußte, daß sie bald eine Rast brauchen würden. Doch soweit er sehen konnte, gab es weder Brennmaterial noch Unterschlupf. Die Weidendickichte hatten sie längst hinter sich gelassen, und der Fluß strömte in seinem vom Eis umrahmten Bett über nackte Steine.

Dann hatten sie die Wolkendecke durchstoßen, und der Nebel

lichtete sich. Erschrocken blieben sie stehen. Von allen Seiten standen die Berge wie Mauern um sie herum. Vor ihnen teilte sich der Bach, und ohne zu zögern, strebten sie der Mündung des Seitenarms zu. Der Bach lag hier im Schatten einer Felswand, die wie eine gewaltige Stützmauer aufragte. Das Wasser schäumte durch eine tief ausgewaschene Klamm. Nur auf der einen Seite gab es ein vorspringendes, vereistes Felsband, auf dem sie weiter nach oben vordringen konnten. Sie tasteten sich vorsichtig weiter, ständig in dem Bewußtsein, daß ein einziger Fehltritt tödlich sein konnte.

Als sie die Klamm hinter sich hatten, öffnete sich die Schlucht zu einem kleinen Hochtal. Larsen ließ das Zugseil von seiner Schulter gleiten und setzte sich auf einen schneefreien Felsen. »Und wohin jetzt?« fragte er.

»Nirgendwohin«, sagte Umiak. »Jetzt machen wir erst einmal Rast und essen und trinken.«

Zumindest zu essen hatten sie reichlich, und sie aßen auch reichlich; denn es hatte keinen Sinn, ihre Vorräte so weit zu rationieren, daß sie nicht mehr in der Lage waren zu marschieren und den Schlitten zu ziehen. Glücklicherweise hatten sie genügend Voraussicht besessen, bei ihrem letzten Lagerfeuer ein paar dicke Karibu–Steaks weichzukochen. Das Fleisch war zwar kalt und die Brühe zu einer dicken, fettigen Masse erstarrt, aber das machte Larsen nichts aus. Seine und Umiaks Hände waren schmutzig und voller Holzkohle, aber sie griffen, ohne zu zögern, in den Gefrierbeutel und holten sich die saftigen Fleischstücke heraus. Am Ende der Mahlzeit waren ihre Finger sauberer als zuvor.

Larsens Kleider stanken. Sein struppiger Bart juckte, und sein Haar war verfilzt.

Er sehnte sich nach einem heißen Bad, nach einem langsamen, genüßlichen Entfernen des Schmutzes, von dem er den Eindruck hatte, daß er ihn wie eine Muschelschale umschloß, und nach der Annehmlichkeit, sich in ein sauberes Bett mit einem weichen Kopfkissen legen zu können. Er lehnte sich zurück und ließ seinen Kopf gegen den Felsen sinken. Er hatte das Gefühl, eine Woche lang schlafen zu können.

Die Augen fielen ihm zu, und er schlief ein. Umiak blieb seinen eigenen Gedanken überlassen. Er gab sich noch immer die Schuld an dem Verlust des Karibufleisches. Hätte er nicht so eifrig mit dem Messer gearbeitet, hätte er das Tier nicht so gründlich zerlegt und in mundgerechte Stücke zerschnitten, so hätten die Wölfe vielleicht ein oder zwei Bissen erwischt, mehr aber nicht. Ob sie das Fleisch dann bis hierher hätten schleppen können – angenommen, sie hätten es gerettet –, war eine andere Frage. Er hatte zwar schon schwerere Lasten über größere Entfernungen getragen, aber damals war er jung und kräftig gewesen. Jetzt fühlte er sich alt und unendlich müde, aber er wußte, sie mußten weitergehen, denn ihre Überlebenschancen wurden täglich kleiner. Die Kälte nahm zu, die Nächte wurden länger, und das Wetter verschlechterte sich. Und jetzt kam noch ein weiteres Problem dazu: Welcher Weg führte wieder aus den Bergen heraus? An welchen der beiden Bachläufe sollten sie sich halten?

Der Tag war so gut wie vorbei, und je länger sich Larsen jetzt ausruhen konnte, umso besser würde er die weiteren Strapazen aushalten. Außerdem war das Tal einigermaßen windgeschützt. Es gab schlechtere Plätze zum Übernachten. Er würde den Bachlauf ein Stück weit erforschen, um zu sehen, ob es Sinn hatte, daran entlang weiterzugehen, und würde es Larsen überlassen, den Schlitten abzuladen und das Lager vorzubereiten. Wenn sich der Weg als unpassierbar erwies, würde er morgen einen anderen suchen.

Sobald sein Plan feststand, fühlte sich Umiak besser. Er weckte Larsen und sagte ihm, was er vorhatte. Zunächst sperrte sich Larsen und erklärte, er könne ja einen anderen Weg suchen, während Umiak am Bach entlangging, aber das lehnte Umiak ab; denn dann wären ja ihre Vorräte unbewacht geblieben, und das war viel zu riskant. Larsen mußte ihm zustimmen. Müde beobachtete er, wie sich Umiak zwischen den eisbedeckten Felsblöcken am Bachbett einen Weg suchte. Seine Gestalt wurde mit jedem Schritt kleiner und verschwand schließlich ganz, als er die nächste Biegung erreicht hatte. Larsen schloß die Augen und sank zurück auf den Felsen, aber die warme Schläfrigkeit hatte ihn verlassen. Er war hellwach und angespannt und merkte, wie die Kälte in seine trägen Glieder kroch.

Er stand auf, ging auf und ab und ruderte dabei mit den Armen, um seinen Kreislauf in Schwung zu bringen und sich zu wärmen. Gleichzeitig hielt er Ausschau nach einem Platz für die Nacht. Letztlich schien freilich keiner besser geeignet als die ebene Stelle unter dem Felsen, an den er eben noch seinen Kopf gelehnt hatte. Larsen schnallte also das Bettzeug vom Schlitten und bereitete das Lager.

Danach setzte er sich wieder hin und versuchte sich zu entspannen, aber es wollte ihm nicht gelingen. Die Stille der Wildnis überwältigte und umschloß ihn wie eine Hülle, sie wurde nur unterbrochen durch das unruhige Murmeln des Baches zu seinen Füßen. Es war wie eine unverständliche Unterhaltung, und während er hinhörte, schien sie lauter zu werden, sie beunruhigte ihn, und er warf einen Stein in die Wellen. Es befriedigte ihn, das Aufplatschen zu hören.

Ungefähr fünfzig Meter entfernt, kurz vor der Stelle, wo der Bach in die steile Klamm stürzte, die sie so mühsam passiert hatten, bildete er einen kleinen See. Larsen fragte sich, ob es wohl Fische darin gab. Er hatte schon gelegentlich in solchen kleinen Bächen in den Bergen Forellen gefangen. Eine klassische Wurfangel zum Fliegenfischen hatte er nicht, aber zur Not konnte man die künstliche Fliege auch mit einem Vorfach am Schwimmer befestigen und wie einen gewöhnlichen Köder benutzen. Es war nicht besonders sportlich, aber Fische konnte man mit dieser Methode durchaus fangen.

Larsen holte also das Angelzeug aus seiner Tasche und suchte eine kleine, aus Haaren und Federn gefertigte Fliege heraus, unter der ein Angelhaken versteckt war. Er machte sie mit der glasklaren Angelschnur am Schwimmer fest und ließ die kleine Plastikblase über den See treiben. Die ersten beiden Würfe blieben ohne Ergebnis, aber beim dritten, als Larsen den Schwimmer zwischendurch anhielt und die Fliege zur Wasseroberfläche aufsteigen ließ, hatte er mehr Erfolg. Ein plötzlicher Ruck ging durch die Angel, und eine kleine Forelle riß an der Leine.

Danach kam ein Fisch nach dem anderen. Keine der Forellen wog mehr als zweihundert Gramm, aber sie waren schön geformt und hatten festes Fleisch. Bald hatte er fünf von ihnen neben sich auf einem eisbedeckten Felsen liegen. Ihre leuchtenden Farben verblaßten nur ganz allmählich, während die eisige Luft ihre Haut trocknete.

Plötzlich bissen keine Fische mehr an. Larsen angelte weiter, seine Unruhe wuchs, als die Zeit verging und es ihm noch immer nicht gelingen wollte, seinem Fang einen sechsten Fisch hinzuzufügen. Er konnte sich nicht erinnern, daß er je zuvor in all den Jahren, in denen er in Flüssen, Bächen und Seen in den verschiedensten Gegenden der Welt geangelt hatte, so verzweifelt gewünscht hatte, nur noch einen einzigen weiteren Fisch zu fangen.

Fünf lagen auf dem Stein, einer mehr bedeutete drei für jeden, in Karibufett gebraten, als Vorspeise. Daß sie zu ein paar Mundvoll zusammenschrumpfen würden, spielte keine Rolle. Unbewußt hatte er zu seiner ursprünglichen Rolle als Jäger zurückgefunden. Er hörte nicht auf zu fischen. Seine ganze Aufmerksamkeit war auf den kleinen Schwimmer gerichtet, der immer wieder über das kalte, schwarze Wasser des Sees dümpelte. Sein Fuß glitt auf einem nassen Stein aus, der Schmerz in dem verletzten Bein ließ ihn zusammenzucken, aber er achtete nicht weiter darauf. Er dachte an nichts anderes, als daß er diesen letzten Fisch noch fangen mußte, ehe Umiak zurückkehrte.

Es war deshalb nicht weiter erstaunlich, daß Larsen nicht bemerkte, wie in einiger Entfernung talabwärts Bewegung in die erstarrte Landschaft geriet. Einer der schneebedeckten Felsbrokken am Bach, kaum zu unterscheiden von hundert anderen, richtete sich plötzlich zu einer acht Fuß hohen Silhouette auf, sank dann allmählich wieder in sich zusammen, überquerte den Bach und trottete gemächlich den Abhang hinauf.

Viel weiter oben im Tal stand Umiak vor einer riesigen Wand aus vereistem Geröll, aus deren unterem Ende der Bach entsprang, dem er gefolgt war. Vorsichtig, beinahe zärtlich legte Umiak seine Hand auf einen der Steine. Der Felsbrocken kam sofort ins Rutschen und kollerte ihm vor die Füße, andere folgten, und Umiak sprang hastig zurück, um nicht erschlagen zu werden. Offenbar war das Gleichgewicht der Geröllhalde äußerst empfindlich und drohte jeden Augenblick zusammenzubrechen. Später würde die Kälte des Winters sie wie mit Eisenbändern umfangen. Aber jetzt konnte schon die leiseste Störung, ein plötzlicher Windstoß, selbst ein lauter Ruf, eine Lawine aus Tausenden Tonnen von Felsen, Eis und Schlamm auslösen. Hier konnten sie unmöglich weitergehen. Behutsam entfernte er sich und folgte dabei seiner eigenen Spur wieder bachabwärts. Nach kurzer Zeit setzte er sich auf eine flache Felsplatte. Das Tageslicht wurde schwächer, und er wußte, daß er eigentlich nicht länger herumtrödeln durfte, aber aus irgendeinem Grund hatte er keine besondere Lust, umzukehren. Er war überhaupt nicht deprimiert, daß er keinen Weg über den Gipfel gefunden hatte; sie konnten es noch immer entlang des anderen Bachlaufs versuchen. Er genoß die Freiheit und die Wohltat des Alleinseins.

Irgendwie fand er Larsens Gegenwart anstrengend. Der weiße Mann raubte ihm sowohl körperlich als auch seelisch seine natürlichen Kräfte. Allein fühlte er sich stärker und zuversichtlicher, was die Aussicht betraf, den Marsch durch die Wildnis zu überleben. In Larsens Gegenwart hatte er dagegen immer das Gefühl, außer dem Schlitten noch eine zusätzliche Last bewegen zu müssen.

Er seufzte und stand wieder auf. Die Luft wurde kühl. Er kam gerade rechtzeitig ins Lager zurück, um zu sehen, wie Larsen seine letzte Forelle an Land zog.

14

Die Forellen waren ein großer Erfolg. Sie schmeckten weit besser als das frische Karibufleisch, das als zweiter Gang folgte. Ihre Benzinvorräte hatten sich bedenklich verringert und würden wahrscheinlich nur noch drei oder vier Tage lang reichen. Wenn sie dann nicht in tiefer gelegene Gegenden kamen und Brennmaterial fanden, waren sie gezwungen, rohes Fleisch zu essen. Schon jetzt war das Fleisch nur noch halbgar und zäh wie Gummi. Die Brühe war dünn und geschmacklos, und Larsen wünschte sich dringend eine Prise Salz. Jegliches Gewürz wäre willkommen gewesen, aber am meisten vermißte er Salz.

Noch andere Sehnsüchte quälten ihn. Obwohl gut gesättigt, fühlte er sich unzufrieden, hungrig, begierig nach der Sorte Nahrung, die er nicht haben konnte. Eine Zeitlang hatte das Popcorn diese Wünsche unterdrückt, aber jetzt verlangte er nach etwas Süßem, nach Schokoladenkuchen oder Bonbons, obwohl ihm paradoxerweise bei dem Gedanken daran beinahe übel wurde. Er sehnte sich nach Pommes frites, Brot und Cornflakes. Er stellte sich mit Salami belegte Brote vor, Weißbrot mit Thunfisch, Eiern und Corned beef, Käsetoast und Roggenbrötchen. Im Rückblick erschien es ihm, als hätte er sein ganzes Leben lang vor allem von Brot gelebt.

Er machte Umiak gegenüber, der gerade den letzten Rest Brühe schlürfte, eine entsprechende Bemerkung. Umiak lachte. »Ja«, sagte er. »Bei meinen Leuten ist es dasselbe, nur umgekehrt. Wenn sie eine Zeitlang die Nahrung des weißen Mannes gegessen haben, wünschen sie sich nichts dringender als ›etwas Richtiges zu essen‹. Und wenn sie das nicht kriegen, fühlen sie sich schwach und krank. Sie fühlen sich ›bleich‹, sagen sie. Wohlgemerkt, auch wir haben uns die Begierde nach Süßigkeiten angewöhnt, obwohl wir bald merkten, daß sie ungesund waren. Mit der Kondensmilch und dem Zucker kam eine Epidemie von Zahnverfall, und das bei einem Volk, dem sein Leben lang Zahnschmerzen unbekannt waren!«

Er verstummte und dachte an das Robbenöl, das Larsen so unnötig vergeudet hatte. Bei dem bloßen Gedanken daran lief ihm das Wasser im Mund zusammen, und eine Welle von Zorn und Ungeduld stieg in ihm hoch. Dann wurde ihm die Nutzlosigkeit seines Grolls klar, und er strich die Erinnerung einfach aus seinem Gedächtnis. Statt dessen sprach er von seinen Plänen für den kommenden Morgen. »Das gleiche wie heute nachmittag, denke ich. Es hat keinen Sinn, wenn wir beide den Schlitten den Berg hinaufschleppen, bloß um dann wieder umkehren zu müssen. Ich kann schneller gehen als Sie, und für Sie ist es besser, wenn Sie Ihr Bein schonen. Wie geht's denn jetzt?«

»Okay«, sagte Larsen gleichmütig. In Wirklichkeit tat es höllisch weh, und er fragte sich, ob der Ruck vom Nachmittag beim Fischen ihm geschadet haben konnte. Er beschloß jedoch, nichts zu sagen und zu hoffen, daß die Nachtruhe Besserung bringen würde.

Larsen hatte seinen anfänglichen Widerwillen gegen das gemeinsame Lager mit Umiak vollkommen abgelegt. Wärme war das Wichtigste, und die Unförmigkeit ihrer Kleidung ließ nicht einmal den Gedanken an echte Nähe aufkommen. Larsen war müde, aber sein Bein schmerzte, und er konnte nicht einschlafen. Statt dessen beobachtete er die langsame Prozession der Sterne am Himmel. Er versuchte, nicht nachzudenken, sich nicht zu bewegen und Umiak nicht zu stören.

Plötzlich wurde es wieder heller. Die Sterne verblaßten, die Schneewehen auf dem gegenüberliegenden Abhang wurden erkennbar, und die spitzen Felszacken bildeten ein dramatisches Relief. »Es kann doch noch nicht Tag werden«, murmelte er.

»Das ist der Mond«, sagte Umiak neben ihm. Larsen fuhr erschrocken zusammen. Er hatte angenommen, Umiak sei fest eingeschlafen.

»Der Mond steht irgendwo hinter den Bergen«, fuhr Umiak fort. »In ein oder zwei Tagen wird es nachts fast so hell wie tagsüber sein, wenn es klar bleibt. Dann können wir nachts marschieren und tagsüber, wenn es wärmer ist, schlafen.«

»Wie weit ist es denn noch?« fragte Larsen.

»Ich wünschte, ich wüßte es«, sagte Umiak. »Aber eins ist jedenfalls sicher: Jede Meile bringt uns der Straße ein Stückchen näher, und jeder Tag, den wir länger durchhalten, vergrößert unsere Aussichten, auf eine Jagdgesellschaft zu stoßen. In dieser Jahreszeit jagen zum Beispiel die Leute aus Anaktuvuk Wildschafe in den Bergen. Oder wer weiß, vielleicht taucht irgendein reicher Trophäenjäger mit dem Hubschrauber auf.«

»Sind wir nicht in der Gegend, die demnächst Nationalpark werden soll?« fragte Larsen.

»Das stimmt. Zumindest an der Nordgrenze. Aber in einem Gebiet von zwölftausend Quadratmeilen verliert man sich leicht.«

Larsen stellte sich den Yellowstone Nationalpark an einem Wochenende im Sommer vor, wenn aufgeregte Wärter versuchten, Schlangen von Autos und Wohnmobilen voll verschwitzter und verärgerter Touristen zu kontrollieren. »Ich kann mir nicht denken, daß viele Menschen hierher kommen, um Ferien zu machen«, brummte er.

»Oh doch, sie kommen«, antwortete Umiak knapp. »Im Sommer, wenn sie die Mücken füttern können.«

Larsen kam ein Gedanke. »In den Nationalparks ist die Jagd doch streng verboten. Was bedeutet das für Ihre Leute?«

»Die werden weiterhin auf Jagd gehen, legal oder illegal. Wie Sie vielleicht bemerkt haben, ist die Gegend recht weitläufig. Dürfte verdammt schwierig sein, dauernd darauf aufzupassen, was die Leute hier tun. Andererseits hat man uns aber auch versprochen, daß wir auf jeden Fall unsere traditionellen Jagdrechte behalten. Das war Teil der Vereinbarungen über die künftigen Nationalparks.«

Larsen erinnerte sich an Umiaks Bemerkung zu dem Piloten am Morgen ihres schicksalhaften Fluges. »Wenn die Regierung *Ihnen* eine Entschädigung dafür gezahlt hätte, daß sie Ihnen Ihr Land weggenommen hat, dann würden Sie mit Sicherheit sagen, daß es niemanden was angeht, was Sie mit Ihrem Geld machen.«

Damals hatte Larsen gedacht, Umiak sei in dieser Hinsicht ziemlich empfindlich. Jetzt sagte er zu ihm: »Ich nehme an, Sie sind trotzdem ziemlich sauer. Ganz gleich, wie gut der Handel war, Sie haben eine Menge Land verloren, von dem Sie dachten, es gehöre Ihnen.«

»Wir haben einen besseren Handel abgeschlossen als jeder andere Eingeborene Amerikas. Wir haben uns allerdings nie als ›Landbesitzer‹ verstanden, wir benutzen das Land nur. Nehmen Sie zum Beispiel diese Gegend hier – wir haben sie seit zehntausend Jahren oder noch länger für uns genutzt, und doch ist sie noch genauso unberührt wie damals, als wir gekommen sind. Vom übrigen Amerika kann man das wohl kaum sagen.«

Umiak lachte leise vor sich hin. »Wir vertraten die Ansicht, daß man uns, nachdem wir uns in der Vergangenheit als so gute Verwalter erwiesen hatten, dies auch in Zukunft zutrauen könne. Wir haben sogar angeboten, die Region als unseren eigenen Nationalpark zu erhalten. Es war dies eine Angelegenheit des Nationalstolzes, verstehen Sie, aber es klappte nicht. Vielleicht hat man geglaubt, man würde uns ausrauben. Vielleicht, und daran glauben eine ganze Menge Leute felsenfest, hat man uns einfach nicht vertraut.«

Stattdessen müßt Ihr *uns* vertrauen, dachte Larsen. Da er wußte, wie manche der Wirtschaftsgiganten vorgingen und in welchem Maß übermächtige Gier, besonders in bezug auf Erdölvorkommen, ausschlaggebend war, war er nicht sicher, ob ein solches Vertrauen nicht enttäuscht würde. Aus Loyalität zu seinen weißen Landsleuten hielt er jedoch den Mund. Allerdings war ihm bei dem Gedanken unbehaglich, wie oft er in den vergangenen Tagen Umiak mißtraut hatte, nur um dann festzustellen, daß seine eigene Meinung hoffnungslos in die Irre gegangen war.

»Weshalb sollten wir euch vertrauen?« fragte Umiak. »Wohlgemerkt, das geht nicht persönlich gegen Sie, aber die Geschichte lehrt, daß es sich in der Vergangenheit nicht ausgezahlt hat. Das war übrigens einer der Gründe, warum ich meinen Leuten geraten habe, ihre Besitzansprüche registrieren zu lassen, obwohl sie überhaupt nicht einsehen konnten, warum. Sie betrachten das Land ja nicht als ihr Eigentum. Ich weiß noch genau, wie die Beamten vom Grundbuchamt zu uns ins Dorf kamen.

Meine Leute fielen fast auf den Rücken vor Lachen. Einer von Ihnen zum Beispiel erklärte, er beanspruche den Berggipfel vor seinem Haus, denn wenn zu viele Leute hinaufkletterten, würden sie am Ende die Aussicht mitnehmen. Ein anderer sagte, er würde einen Sumpf registrieren lassen, und wenn irgend jemand darauf herumliefe, wüßte er, daß Christus wiedergekommen sei, denn der war der einzige, der übers Wasser gehen konnte. Mein Vater sagte, er wolle Tomaten anbauen.«

»Tomaten!« rief Larsen. »Hier oben?«

»Ja. Und zwar auf einer Sandbank oben im Fluß. Das war ein alter Witz bei uns im Dorf. Ich war nämlich im Süden gewesen, wissen Sie, und ich hatte viele Sachen mitgebracht, unter anderem ein paar Kilo frische Tomaten. So etwas hatte bis dahin noch nie jemand bei uns im Dorf gesehen. Meinem Vater schmeckten sie sehr, und er aß eine ganze Menge davon. Wahrscheinlich sogar zuviele; denn als er kurz darauf zum Fluß ging, mußte er plötzlich bei einer Sandbank Halt machen und sich erleichtern. Und ein paar Monate später, im Herbst, entdeckten die Leute plötzlich auf der Sandbank im Schutz der Steine, zwischen denen mein Vater sich hingehockt hatte, ein paar kleine Tomatenpflanzen mit winzigen Früchten daran. Sie zogen ihn natürlich sehr damit auf. Sie sagten, er sei wohl ein großer Schamane, und rieten ihm, Goldstaub zu essen, damit daraus Goldklumpen würden.«

Larsen lachte. »Was ist ein Schamane?« fragte er.

Umiak wirkte überrascht und etwas verlegen. »Früher, ehe die weißen Missionare mit der Geschichte von Jesus Christus kamen, der für die Menschen gestorben ist, waren die Schamanen unsere Priester und Medizinmänner, die unsere Verbindung zur Geisterwelt herstellten. Sie heilten die Kranken und sagten voraus, wann die Wale eintreffen würden. Sie wußten, wo die Karibus entlangzogen, und es hieß, sie könnten sogar das Wetter beeinflussen. Manche von ihnen verfügten wirklich über eigenartige, unheimliche Kräfte.«

»Glauben Sie an diese Kräfte?« fragte Larsen.

»Schamanen gibt es nicht mehr«, sagte Umiak kurz. »Sie haben ihre Kraft verloren.« Dann lachte er plötzlich wieder. »Ich habe Ihnen doch von den Tomaten erzählt. Nun, die Sache hatte noch eine Fortsetzung. Im nächsten Jahr war die Sandbank nämlich verschwunden, weggespült bei der Schneeschmelze. So geht es in diesem Land. Ein gutes Wasserloch, aus dem man einen Fisch nach dem anderen zieht, ist im nächsten Jahr vielleicht ganz unergiebig. Ein Platz, wo es viele Beeren gibt, wird vielleicht von den Bären zerwühlt. Die Karibus suchen sich plötzlich andere Täler zum Überwintern. Deshalb legen wir gar nicht soviel Wert darauf, ein bestimmtes Stück Land zu besitzen. Wir möchten das ganze Land nutzen. Dennoch ließen wir damals Land auf unseren Namen eintragen, und das war eine sehr vernünftige Entscheidung; denn später stellte sich heraus, daß die Weißen darauf die Pipeline für die Ölfelder bauen wollten, und so waren sie gezwungen, mit uns zu verhandeln, wenn sie nicht jahrelang um die einzelnen Ansprüche prozessieren wollten. Jetzt gehören uns mindestens sechzigtausend Quadratmeilen Land, nicht viel von ursprünglich einer halben Million, aber besser als gar nichts. Außerdem wurde uns schließlich auch das Recht zugestanden, überall zu jagen und zu fischen, wo das Land der Regierung gehört. Den meisten von uns genügt das vollkommen.«

Larsen schwieg. Eine Flut von Fragen stieg in ihm auf, Fragen über diese Menschen, die sechzigtausend Quadratmeilen Land besaßen, in dessen Besitz sie keinen Sinn sahen, die Millionen von Dollars als Ausgleichszahlung erhalten hatten, die... Aber er wurde allmählich schläfrig. Der Schmerz in seinem Bein hatte nachgelassen, seit er es nicht mehr belastete.

Er kuschelte sich tiefer in das dichte Karibufell, auf dem sie lagen. An den starken Geruch, den das Fell verströmte, hatte er sich sehr schnell gewöhnt, ja, er liebte ihn beinahe schon, denn es verbanden sich damit angenehme Assoziationen wie Wärme und Schlaf.

Jetzt allerdings schien es ihm, daß der Geruch stärker als sonst war, daß er sich sogar mit einem gewissen Verwesungsgeruch mischte. Begann die Haut doch zu verfaulen? Wieder spürte er eine Wolke von Aasgeruch über sich hinweggehen und öffnete widerwillig die Augen.

Larsen hatte die Angst schon in vielerlei Arten kennengelernt. Er hatte die plötzliche, lähmende Angst im Angesicht des Todes erlebt und die Welle der Erleichterung gespürt, wenn die Gefahr vorüber war. Er hatte ihren eisigen Griff erduldet, als er darauf wartete, von einem unsichtbaren Feind angegriffen zu werden, er hatte mit der Angst gelebt, die ihm schier den Magen umdrehte und seine Nerven bis zum Zerreißen anspannte. Er hatte gegen die plötzliche Panik angekämpft, die einen grundlos überkommen kann, wenn man in der Nacht allein ist.

Er hatte alle diese Ängste überwunden, aber auf den Anblick, der sich ihm jetzt im blassen Mondlicht bot, war er vollkommen unvorbereitet.

Der Bär stand weniger als sechs Schritte von ihm entfernt. Larsen konnte seinen stinkenden Raubtieratem riechen und sah die kleinen scharzen Augen glitzern. Das mächtige Gebiß war entblößt, und das Eis auf der Brust des Bären klirrte leise. Sein Körper verdeckte den Himmel.

Einen Augenblick lang war Larsen gelähmt. Die Angst schnürte ihm die Kehle zu, und er spürte, wie sich seine Barthaare sträubten. Sein Herz raste. Dann löste sich die Angst in einem markerschütternden Schrei, der wie ein Trompetenstoß durch die Nacht gellte.

Der Bär verschwand blitzartig.

Umiak schoß kerzengerade aus dem Schlaf hoch. »Was zur Hölle ist los?«

»Der Bär«, keuchte Larsen. »Er hat direkt vor mir gestanden.«

Umiak lauschte. Nichts rührte sich. Verlassen lag die Landschaft im blassen, bläulich schimmernden Mondlicht. »Da ist nichts«, sagte er. »Vielleicht haben Sie geträumt?«

Larsen schnaubte ungeduldig. »Das war kein Traum! Der Kerl stand direkt vor mir. Ich habe ihn gesehen und gerochen. Ich hätte ihm einen Tritt geben können. Ich sage Ihnen, er war drauf und dran, uns zu zerfleischen.«

»Und wo ist er jetzt hin?«

»Ich weiß es nicht. Wahrscheinlich hab' ich ihn erschreckt.«

»Das würde mich wundern«, sagte Umiak. »Mich haben Sie jedenfalls ziemlich erschreckt.«

Bange Minuten verstrichen, in denen die beiden Männer lauschten und lauerten. Schließlich sagte Larsen: »Da ist er! Sehen Sie den Felsen auf der anderen Seite des Baches? Da steht er und beobachtet uns, das verdammte Biest.«

Umiak sah nichts.

»Sie dürfen nicht direkt auf den Felsen gucken«, zischte Larsen. »Richten Sie den Blick ein bißchen zur Seite, dann haben Sie ihn im Augenwinkel.«

Umiak gehorchte, und plötzlich konnte er die gedrungene, schneebedeckte Gestalt des Bären sehr genau erkennen. Er sah nicht viel anders aus als die anderen runden Felsen, die überall neben dem Bach lagen. Aber dann entdeckte Umiak, wie der Bär sich bewegte, bedächtig den Kopf hob und senkte.

»Ich hab' ihn«, sagte er. »Das ist ein guter Trick. Woher haben Sie den?«

Du meine Güte, dachte Larsen, man könnte denken, wir wären mit der Schule auf einer vogelkundlichen Exkursion. »Das haben sie uns bei der Army beigebracht«, sagte er. »Sehr praktisch, wenn man nachts Posten steht. Aber was machen wir jetzt mit dem verdammten Bären?«

»Ich glaube, er hat gedacht, wir wären tot. Jetzt, wo er weiß, daß wir noch leben, wird er abwarten. Solange wir wach sind und zusammenbleiben, kann uns nicht viel passieren, glaube ich.«

»So, glauben Sie«, wiederholte Larsen. Statt der Angst machte

sich allmählich Wut in ihm breit. Er ertappte sich dabei, wie seine Finger nach einem automatischen Gewehr tasteten, mit dem er eine Ladung Blei hinüberschicken könnte, die den Bären in Hackfleisch verwandelte. Statt dessen mußte er machtlos hier sitzen, eine Beute nicht nur für den Bären, sondern auch für seine wachsende Angst. »Warum verjagen wir den Kerl nicht?«
»Weil wir dann nicht mehr wissen, was er macht. Möchten Sie wirklich gern hier sitzen und darüber nachdenken, ob er sich gerade von hinten heranschleicht?«
Der Gedanke war tatsächlich unangenehm. »Und was ist, wenn er sich von allein zurückzieht?«
»Warten wir doch erst einmal ab!« sagte Umiak knapp.
Bei dem Versuch, den Bären ununterbrochen im Auge zu behalten, brannten Larsen schon nach kurzer Zeit die Lider. Er wandte den Blick ab, und als er den Bären danach nicht gleich wieder fand, geriet er in Panik. Das war natürlich Unsinn. Der Bär hatte schließlich keinen Grund, sie anzugreifen, solange er sich nicht bedroht fühlte. Larsen wollte sich gerade entspannen, als Umiak seinen Arm packte. »Jetzt bewegt er sich«, flüsterte Umiak. Larsen suchte nach dem Schatten unter dem Felsen, aber die dunkle Gestalt war verschwunden. Der Bär war in die Nacht eingetaucht.
Und damit begann der Alptraum. Der Mond ging unter, und die Dunkelheit nahm zu. Die beiden Männer saßen im Schweigen der Nacht und warteten. Larsen mußte ständig daran denken, wie der Bär plötzlich vor ihm gestanden und ihm seinen stinkenden Atem ins Gesicht gestoßen hatte. Er stellte sich vor, wie die mächtigen Kiefer ihn packten, wie ihm die Tatzen des Bären den Schädel zertrümmerten. Würde es schnell gehen? fragte er sich. Würde er beim ersten Biß sterben, der ihm die Knochen zermalmte, oder würde ihn der Bär an der Schulter packen, am Bein, am Hintern, um ihn fortzuschleppen und über die eisbedeckten Felsen zu schleifen? Er spürte, wie ihm die Krallen die Kleider vom Leib rissen, wie seine Rippen zerknackten und die kalte Luft in seinen aufgerissenen Brustkasten fuhr.

Er hatte zuviele Männer langsam und qualvoll sterben sehen. Er hatte sogar einen Mann erschossen, der einfach nicht sterben konnte, ja, der nicht einmal das Bewußtsein verlor, obwohl ihm der halbe Kopf weggeschossen worden war. Im Umkreis von Hunderten von Meilen war hier niemand, der ihm den gleichen Dienst erweisen konnte.

Dann fiel ihm das Messer ein, das sie in der Höhle gefunden hatten. Er wußte, es lag bei der Feldflasche, fast in Reichweite. Wenn der Bär kam, konnte er es benützen, wenn nicht für den Bären, so für sich selbst. Wenigstens würde er schnell sterben.

Neben ihm bewegte sich Umiak, und sofort sprang ihn die Angst an. Was hatte der Mann gehört oder gesehen? Dann beruhigte Umiaks Stimme ihn. »Ich habe eine Idee für eine Art Bären-Abschreckungsmittel, falls er wieder aufkreuzt.«

Sorgfältig erklärte er seinen Plan. »Wir haben noch immer die Reste von der Hose des Piloten, und wir haben ungefähr zehn Fuß von dem Draht aus dem Flugzeug übrig. Wenn wir einen Fetzen Stoff an das Ende des Drahtes binden und einen Tropfen Benzin in den Deckel der Thermoskanne schütten, haben wir alles, was wir für eine Fackel brauchen. Die lassen wir dann über unseren Köpfen kreisen, wenn wir angegriffen werden. Sie halten sich mit dem Feuerzeug bereit, ich mit dem Benzin, und wenn unser Kamerad wieder auftaucht, werden wir ihm die Augenbrauen versengen. Das müßte schon ein sehr tapferer Bär sein, der da nicht Reißaus nimmt.«

Larsen lachte vor Freude und bemühte sich, allerdings nicht allzu erfolgreich, die aufsteigende Hysterie aus seiner Stimme zu verbannen. Gemeinsam arbeiteten sie im Dunkeln, und nachdem alles fertig war, setzten sie sich wieder hin.

Lange Stunden vergingen. Zitternd vor Kälte und Übermüdung sahen die beiden Männer den Morgen heraufkommen. Langsam, sehr langsam breitete sich das Licht am Himmel, über den Berggipfel und schließlich auch unten im Tal aus. Der Bär war nirgends zu sehen.

15

Mit dem Morgenlicht kehrten auch ihr Mut und ihre Zuversicht zurück. Umiak bestand darauf, zunächst einen Weg durch das Seitental auszukundschaften, das nach Osten wegführte. Larsen sollte inzwischen noch etwas ausruhen und später den Schlitten packen. Larsen wäre lieber mit ihm gegangen, denn es behagte ihm gar nicht, allein im Lager zu bleiben, aber sein Stolz ließ es nicht zu, mehr als formalen Protest einzulegen. Wenn Umiak allein und unbewaffnet in die Wildnis ging, obwohl er wußte, daß dort irgendwo ein hungriger Bär lauerte, dann würde sich Larsen seine Angst erst recht nicht anmerken lassen.

Er ließ Umiak gehen und lehnte sich dann wieder gegen den Felsen. Er hatte keine Eile. Ihre wenigen Habseligkeiten konnte er in wenigen Minuten auf dem Schlitten festmachen. Es konnte gar nichts schaden, wenn ihr Bettzeug mal richtig auslüftete. Er breitete das Karibufell mit den Haaren nach unten im Schnee aus und machte sich dann daran, seine Wunde zu untersuchen. Diese Aufgabe hatte er schon seit gestern abend gefürchtet.

Die Wunde sah sauber aus, und das Sekret war ebenfalls völlig klar. Was Larsen erschreckte, war die Größe der Wunde. Der Schnitt, mit dem Umiak das Geschwür geöffnet hatte, schien sich erheblich erweitert zu haben. Statt einer sauberen kleinen Schnittwunde war ein großer, unregelmäßig geformter, an den Rändern aufgeschwollener Krater entstanden, von dem sich die Haut zurückzog.

Larsen hatte keine Ahnung, wie er damit umgehen sollte. Zunächst dachte er, es könne nicht schaden, wenn frische Luft daran kam, aber die Kälte verursachte ihm solche Schmerzen, daß er froh war, als er die Wunde wieder abdecken konnte. Unter einem Verband, vor der Kälte geschützt, fühlte sich die Wunde besser an, und Larsen beschloß, sie möglichst nicht mehr anzurühren, wenn es sich irgendwie vermeiden ließ.

Trotzdem war er klug genug, den gebrauchten Verband im Bach auszuwaschen und auf den Felsen zum Trocknen auszubreiten. Er hatte diese Aufgabe gerade beendet und bemühte sich, seine Finger wieder warm zu reiben, als er auf dem gegenüberliegenden Hang eine Bewegung wahrnahm. Etwas Weißes flitzte über den Schnee, und als er genauer hinsah, erkannte er, daß es ein Polarfuchs war, der vor einer unbekannten Bedrohung davonlief. Einmal blieb er kurz stehen und wandte sich um, ehe er hastig weiterlief und zwischen den Felsen verschwand.

Larsen fragte sich, was den Fuchs so verstört haben mochte. Umiak konnte es nicht gewesen sein, denn der war ja talaufwärts gegangen. Mit wachsendem Unbehagen humpelte Larsen zum Bach hinunter, um das Tal besser überblicken zu können. Als er von dort noch immer nichts sah, erkletterte er schließlich einen der großen Felsen, die das Tor zu der steilen Schlucht bildeten, durch die sie gestern gekommen waren.

Jetzt sah er, was los war. Ein gutes Stück flußabwärts bewegte sich der struppige Rücken des Bären auf ihn zu, des Tieres, das sie seit dem Flugzeugabsturz verfolgt hatte. Merkwürdigerweise blieb Larsen vollkommen ruhig, beobachtete sogar mit kalter Neugier, wie sich der Bär den Fluß entlang näherte. Er schien es keineswegs eilig zu haben und machte ab und zu Pausen, um die Luft einzuziehen und zur Seite zu schauen. Auf diese Weise vergeudete Larsen kostbare Minuten; denn bis zuletzt hoffte er, das Tier würde sich doch noch abwenden oder gar umkehren.

Aber plötzlich wurde ihm klar, daß der Bär keineswegs umkehren würde, und endlich begriff er das ganze Ausmaß der Gefahr. Sein Herz hämmerte, und sein Mund wurde trocken. Er ließ sich auf den Felsen sinken und versuchte verzweifelt, einen klaren Gedanken zu fassen.

War er denn überhaupt sicher hier oben? Würde der Bär an ihm vorbeigehen, ohne ihn zu bemerken? Oder würde er hilflos mitansehen müssen, wie der Bär ihre letzten Lebensmittelvorräte vertilgte? Würde das Tier womöglich weiter das Tal hinaufziehen und den nichtsahnenden Umiak anfallen, der irgendwo zwischen den Felsen herumkletterte?

Ein kalter Haß verdängte seine Furcht vor dem Bären. Stärker als jede andere Regung war jetzt der Wunsch, ihn zu vernichten. Um das Lager zu erreichen, mußte der Bär direkt unter Larsen vorbeitrotten. Wenn er einen Felsbrocken gehabt hätte, den er auf ihn herabstürzen konnte ... Aber in seiner Reichweite lagen nur Steine, die nicht größer als seine Faust waren. Doch vielleicht blieb ihm noch Zeit, hinunterzuklettern und einen größeren Stein zu holen? Wenn nicht, konnte er den Bären vielleicht mit Schreien verscheuchen.

Aber er wollte ihn gar nicht verscheuchen. Er wollte ihn vernichten. Wenn er nur eine Waffe gehabt hätte! Eine Handgranate oder sonst irgendein Kriegsgerät, mit dem er früher umgegangen war.

Und in diesem Augenblick fiel ihm ein, was er tun mußte. Es blieb ihm allerdings nicht mehr viel Zeit, seinen Plan in die Tat umzusetzen. Er warf einen letzten Blick hinunter ins Tal. Wenn der Bär nicht schneller wurde, blieben ihm noch ein paar Minuten.

Vorsichtig kletterte Larsen von seinem Felsen herunter. Mit dem Taschenmesser schnitt er einen Stoffstreifen von der Hose des toten Piloten und ein armlanges Stück von dem Elektrokabel ab, das sie aus dem Flugzeug geholt hatten. Zu seiner Befriedigung zitterten seine Hände nicht im geringsten bei dieser Arbeit. Aus der Reisetasche nahm er einen Plastikbeutel mit Benzin, den Brennstoffvorrat eines ganzen Tages. Dann knotete er das eine Ende des Kabels um den Hals des Gefrierbeutels und das andere um den Stoffstreifen und tränkte den Stoff mit Benzin. Dabei war er sehr vorsichtig. Wenn er zuviel nahm, mußte er befürchten, daß ihm später brennendes Benzin auf den Plastiksack tropfte, wenn er zuwenig nahm, war das Benzin womöglich verdunstet, ehe es Zeit war, es zu entzünden. Lautlos lief er zu seinem Felsen zurück und kletterte mit seinem improvisierten Molotowcocktail hinauf.

Der Bär war immer noch ein paar hundert Meter entfernt. Zitternd hockte Larsen auf seinem Felsen. Er war jetzt so aufgeregt, daß er fürchten mußte, das Feuerzeug nicht richtig bedienen zu können, und mußte seine ganze Willenskraft aufbieten, um wieder ruhig zu werden.

Dann war der Bär da. Mit gesenktem Kopf trottete er auf den Felsen zu. Larsen sah, wie der Atem des Raubtieres in der kalten Luft dampfte. Er ertappte sich dabei, wie er den von Eis und Schnee verkrusteten zottigen Pelz des Bären bewunderte. Das Tier war trotz allem von einer seltsamen Schönheit, verkörperte Eleganz und Kraft, wirkte so sanft und harmlos, daß Larsen selbst jetzt kaum glauben konnte, daß es wirklich eine so große Gefahr darstellte.

Noch eine Sekunde, dann mußte der Bär genau unter ihm sein. Larsen hielt das Feuerzeug in der Rechten, den Plastiksack in der Linken. Als er Bär unter ihm vorbeigehen wollte, entzündete Larsen die Lunte und warf. Er sah den Plastiksack wie einen kleinen silbrigen Ball auf den Kopf des Bären landen und aufplatzen. Ein Sprühregen glitzernder Tropfen senkte sich auf sein Fell.

Für einen Augenblick schien die Zeit stillzustehen, und gar nichts geschah. Der Bär blieb regungslos stehen und begann sich aufzurichten, aber dann explodierte er förmlich. Wie eine große Blume schoß eine Stichflamme aus seinem Fell hoch. Larsen sah entsetzt und fasziniert zu, wie unter ihm eine zuckende Feuersäule im Schnee tanzte. Dann verdeckte ihm eine schwarze, nach verbranntem Fleisch und Fell stinkende Wolke die Sicht.

Halb betäubt hörte Larsen ein schmerzliches Heulen und Wimmern, war sich kaum bewußt, daß er selbst laut tobte und schrie. Ebenso plötzlich, wie es aufgeflammt war, erlosch das Feuer auch wieder. Der Bär lag am Boden, ein zuckendes Bündel Fleisch. Als er endlich stillag, seufzte Larsen erleichtert. Eine wilde, unkontrollierte Freude erfaßte ihn. Nur – der Bär war nicht tot. Noch während Larsen das süße Gefühl der Rache genoß, regte sich das Tier, erhob sich schwankend und begann zu Larsens unaussprechlichem Entsetzen zu tanzen. Es erhob sich auf die Hinterbeine, machte ein paar unsichere Schritte, fiel auf alle Viere und richtete sich erneut auf, unfähig, den Schmerz seiner verbrannten Tatzen auf dem kalten Boden zu ertragen. Es warf den Kopf wild hin und her, tappte vor und zurück, drehte sich im Kreis, während der arktische Wind das verbrannte Fleisch seines Gesichtes folterte. Vor Jahrhunderten hatten gewissenlose Bärenführer ihren Tieren auf eben diese Weise das Tanzen beigebracht, indem sie sie zum Schlag der Trommel über glühende Kohlen gehen ließen. Jetzt begleitete ein ähnlicher Trommelwirbel den makabren Tanz des Bären, aber es war nur das Hämmern von Larsens Herz.

Blicklose Augen starrten Larsen an und schienen, obwohl sie ihn nicht sahen, seine Gegenwart zu ahnen. Der Bär wankte auf ihn zu, seine Kiefer schlugen gegeneinander vor Schmerz und Wut, Speichel floß in langen Fäden aus seiner verbrannten und geschwärzten Schnauze. Das Unglaubliche geschah: der Bär begann, auf den Felsen hinaufzuklettern, er zog sich hinauf über die scharfkantigen Steine, Zentimeter um Zentimeter, er kam immer näher. Und ständig begleitete ein rauhes, gurgelndes Stöhnen das langsame Tasten der Tatzen auf dem eisbedeckten Felsen. Larsen schloß die Augen. Er ertrug es nicht mehr, hinzuschauen.

Ein dumpfer Schlag unter ihm sagte ihm, daß der Bär abgerutscht war. Kaum wagte er es, bis an den Rand des Felsens zu kriechen und hinabzuspähen. Er sah gerade noch, wie der Bär zwischen den Felsen davonwankte.

Einen verzweifelten Moment dachte Larsen daran, ihm zu folgen, um das schreckliche Werk zu vollenden, das er begonnen hatte. Allerdings wußte er nicht, wie. Er erkannte die Sinnlosigkeit einer Verfolgung. Möglicherweise suchte er den Bären eine Woche lang und fand ihn trotzdem nicht. Mit erschreckender Klarheit wurde ihm bewußt, daß er keineswegs sicher sein konnte, die Bedrohung abgewendet zu haben. Der Bär konnte wiederkommen.

Müde kletterte er von dem Felsen herunter und packte ihre Sachen zusammen.

Als Umiak zurückkehrte, fand er Larsen reglos am Bach sitzend.

»Alles in Ordnung?« fragte er.

»Der Bär ist wiedergekommen«, antwortete Larsen tonlos.

Umiak schluckte. »Was ist passiert?«

Larsen erzählte ihm alles, was geschehen war, angefangen damit, daß er den Polarfuchs entdeckt hatte. Umiak hörte zu, ohne Larsen auch nur einmal zu unterbrechen. Erst als er sicher war, daß Larsen zu Ende war, stieß er einen langen, anerkennenden Pfiff aus. »Sie sind ein Verrückter! Mann, Sie sind ein Verrückter! Wissen Sie das? Völlig verrückt!«

Larsen nickte. »Ich hielt es anfangs für eine gute Idee.«

Umiak zuckte die Achseln. »So ist das wohl immer in der Geschichte der Menschheit, nehme ich an. Nun, dieser Bär ist von jetzt an Freiwild für die Wölfe. Wenn die ihn erst einmal finden – und das wird nicht lange dauern –, und sie merken, daß er blind und hilflos ist, werden sie nicht eher ruhen, bis sie ihn zur Strecke gebracht haben. Hat auch sein Gutes. Er wird sie davon abhalten, uns auf die Nerven zu gehen.«

Plötzlich fühlte sich Larsen besser. Der Gedanke, daß die Wölfe sein Werk vollenden könnten, war ihm gar nicht gekommen. »Tut mir leid wegen der Benzinverschwendung.«

»Sie haben eine warme Mahlzeit gegen eine Nacht ungestörten Schlafs eingetauscht. Eigentlich gar kein so schlechter Handel. Übrigens, wir könnten heute abend am Lagerfeuer schlafen. Das Tal steigt zu einer bequemen Paßhöhe an, und dahinter geht es meilenweit bergab in ein Tal mit viel Gestrüpp und niedrigem Buschwerk. Kommen Sie! Mal sehen, wie weit wir kommen.«

Dann lachte er plötzlich. »So eine Verrücktheit! Einen Bären bei lebendigem Leibe zu braten! Das ist das Verrückteste, was ich jemals gehört habe!«

Larsen schwieg. Irgendwie konnte er sich nicht von der Angst befreien, daß der Bär zurückkommen könnte. Allmählich kam er ihm unvernichtbar vor. Früher oder später würde er sich erholen, die Spur aufnehmen und ihnen folgen, bis er Rache genommen hatte. Außerdem verursachten ihm der Gedanke an das Schicksal des Bären und Umiaks herzloses Lachen darüber Übelkeit. Er hatte nicht gewollt, daß es auf diese Weise geschah. Der Bär hatte sterben sollen, so daß er Umiak die Leiche zeigen und über seinen Tod hätte triumphieren können. Später hätten sie Bärensteaks essen und so den Tod rechtfertigen können. Wortlos nahm er die Zugleine des Schlittens. Er blickte nicht zurück aus Angst vor dem, was er sehen könnte.

16

Der Weg führte ständig bergab. Sie kamen auf dem festen Schnee gut voran, und zu beiden Seiten wichen die Berge zurück. Mit jeder Meile, die sie marschierten, wurde das Tal vor ihnen breiter. Bald standen sie auf einer weiten, sonnenüberglänzten Ebene. In der Entfernung glitzerte ein nach Osten fließender Fluß. Wenn er nicht plötzlich nach Norden oder Süden abbog, würde er sie letztlich zur Straße führen, davon war Umiak überzeugt.

Gleichzeitig war ihm sehr unbehaglich zumute. Wie alle Eskimos war er fest davon überzeugt, daß es ein großes Unrecht war, einem Tier unnötig Schmerz zuzufügen, und daß es Unglück brachte, wenn man es doch tat. Als er noch ein kleiner Junge war, hatte ihm ein alter Schamane erklärt, daß jedes Tier von einem Beschützer bewacht wurde, der nur dann erlaubte, daß Tiere getötet wurden, wenn es für das Überleben der Menschen unbedingt nötig war, und der jede Tierquälerei und jede Beleidigung eines Tieres gnadenlos rächte. Heute gaben zwar nur noch wenige Jäger einer toten Robbe einen Schluck Wasser, damit sie auf dem Weg in die Geisterwelt keinen Durst leiden mußte, aber wenn sie bei der Jagd kein Glück hatten, führten das viele Jäger darauf zurück, daß sie den alten Brauch auf die eine oder andere Weise verletzt hatten.

Umiak hatte starke Schuldgefühle, wenn er daran dachte, wie er sich zunächst über das Schicksal des Bären gefreut hatte. Vielleicht hatte Larsen ihnen Unglück gebracht. Es gab jetzt keine Schamanen mehr. Einer nach dem anderen hatten sie ihre Macht verloren und waren gestorben. Und selbst wenn es noch welche gäbe, so war jetzt keiner in der Nähe, um zu ihren Gunsten Fürsprache einzulegen. Er dachte daran, zum Gott des weißen Mannes zu beten, wie man es ihn in der Schule gelehrt hatte. Doch ein solches Wesen schien allzuweit entfernt zu sein, es kam ihm unerreichbar und unzugänglich vor. Seine Mutter hatte ihn gelehrt, daß der christliche Glaube eine gut funktionierende Religion sei. »Aber«, hatte sie hinzugefügt, »manchmal brauchen wir ein bißchen was Besonderes. Jemanden, der unser Verhalten und unsere Wünsche versteht...«

Wie er Larsen seine Skrupel und Ängste erklären sollte, wußte er nicht. Aber der Mann hatte ohnehin schon genug gelitten. Er trottete sprach- und klaglos mit stumpfem Blick neben ihm her. Umiak war sich nicht sicher, ob das nur die Folgen der ausgestandenen Angst waren oder ob der Schock tiefer ging.

Lange Stunden vergingen. Ganz allmählich kam der ferne Fluß näher. Die Sonne stand schon tief über dem Horizont, und lange Schatten wanderten vor ihnen über den Schnee. Umiaks Beine schmerzten, und seine Füße waren vor Kälte vollkommen gefühllos, Bleiklumpen, die mit jedem Schritt schwerer wurden und seine Muskeln in harte, verkrampfte Knoten verwandelten. Neben ihm lief Larsen, als ob er träumte; er stolperte von Zeit zu Zeit, fing sich aber jedesmal wieder. Weidendickicht säumte den vor ihnen liegenden Fluß, es versprach sowohl Schutz vor dem Wind als auch Brennstoff. Der Boden fiel jetzt weniger ab, er war unebener geworden. Der Schlitten wurde schwerer, ihre Schritte langsamer, doch Umiak wußte, wenn er jetzt stehenbliebe, und sei es auch nur für einen Augenblick, würde er weder die Kraft noch den Willen haben, weiterzugehen. Besorgt warf er einen Blick zu Larsen hinüber. Der Mann bewegte sich wie ein Schlafwandler, mit hocherhobenem Kopf, den Blick starr nach oben gerichtet. Jeder strauchelnde Schritt zerrte an dem Zugseil des Schlittens und drohte sie kopfüber in den Schnee zu werfen. Umiak beugte die Schulter und bemühte sich, mehr von dem Gewicht zu übernehmen. So trotteten sie vorwärts.

Schließlich erreichten sie das Ufer und machten auf einer schneebedeckten Kiesbank unter einem dichten Gebüsch halt. Die Weidenzweige waren zwar nicht mehr belaubt, aber die dicht beieinanderstehenden Büsche boten doch einen gewissen Schutz vor dem Wind.

Müde schnitt Umiak ein paar Zweige ab und fegte damit einen Lagerplatz frei. Er sah zu Larsen hinüber, aber der war offenbar nicht mehr in der Lage zu helfen. Er saß teilnahmslos auf dem Schlitten und starrte flußabwärts. Er machte keinerlei Anstalten, irgend etwas zu tun. So blieb Umiak nichts anders übrig, als selbst einen Armvoll Zweige zu schneiden und das Karibufell darüberzubreiten. Dann nahm er Larsen am Arm und führte ihn zum Lager. Larsen streckte sich ohne Widerspruch darauf aus und ließ sich von Umiak zudecken. Dann begann Umiak, nach Feuerholz zu suchen.

Als er zurückkehrte, war Larsen fest eingeschlafen. Umiak versuchte, Feuerholz aufzuschichten, aber seine Finger gehorchten ihm nicht mehr. Zweimal wurde ihm schwarz vor Augen, und er konnte nur mit Mühe verhindern, daß er der Länge nach in den Schnee fiel. Er hatte gerade noch die Kraft, zu Larsen unter die Decke zu kriechen. Sein letzter Gedanke, ehe er einschlief, war: Eigentlich müßten wir etwas essen.

Als er erwachte, spürte er beißende Kälte. Neben ihm wälzte sich Larsen stöhnend im Schlaf. Das mußte ihn geweckt haben. Eine Zeitlang lag Umiak still und versuchte wieder einzuschlafen, aber seine Hungerkrämpfe und die zunehmende Kälte hielten ihn wach.

Die Nacht war schon fast vorbei, und der Mond stand hoch am Himmel und goß sein bläuliches Licht über der schneebedeckten Flußlandschaft aus. Befriedigt stellte Umiak fest, daß eine fast fertige Feuerstelle vor ihm aufgebaut war. Er konnte sich kaum noch erinnern, das trockene Holz und das dürre Reisig dort aufgeschichtet zu haben, aber es würde jedenfalls nur Sekunden dauern, bis er das Lagerfeuer in Gang hatte.

Gegen den spürbaren Protest seiner schmerzenden Muskeln kroch er so behutsam wie möglich unter dem Bettzeug hervor, um Larsen nicht aufzuwecken. Dann streute er ein bißchen Zunder auf eine trockene Stelle und verteilte trockenes Gras und Zweige ringsherum. Erst als das Gras und die Zweige gut brannten, legte er dickere Äste darauf.

Bald wärmte das Feuer ihm Gesicht und Hände. Den Schlitten stellte er hochkant, um die Hitze damit auf sich und das Lager zu lenken. In der Feldflasche holte er Wasser aus dem Fluß und schnitt ein paar Stücke Karibufleisch hinein, die er zum Kochen aufsetzte. In der Zwischenzeit stillte er seinen schlimmsten Hunger mit ein paar Streifen getrocknetem Fleisch. Larsen schrie einmal im Schlaf, wachte aber nicht auf. Umiak fragte sich, ob sein Gefährte wohl besser schlafen würde, wenn er etwas gegessen hätte, und als die Brühe fertig war, packte er Larsen am Fuß und schüttelte ihn.

Larsen fuhr ruckartig hoch, öffnete die Augen und starrte blind in die Flammen, vor denen ein riesiger schwarzer Schatten aufragte. Er kreischte vor Entsetzen laut auf und schleuderte das Bettzeug beiseite. Im nächsten Augenblick war er auf den Beinen und rannte davon. Wie von Furien gehetzt stürmte er am Ufer entlang, stolperte, fiel, stand wieder auf, rannte weiter. Verzweifelt versuchte er, dem Bären zu entkommen, der ihn bis in seine Träume verfolgt hatte und jetzt gekommen war, um ihm endgültig den Garaus zu machen.

Erstaunt und erschrocken sah ihm Umiak nach. Dann rief er hinter ihm her: »He, Larsen! Bleiben Sie da! Larsen, ich bin es doch! Umiak!«

Zu seiner Erleichterung wurde Larsen daraufhin langsamer und blieb stehen. Vorsichtig blickte er sich um, und als er sah, daß seine Angst ihn getäuscht hatte, kehrte er langsam zurück. Umiak rührte sich nicht. Er blieb beim Feuer sitzen, aber seine

Hand griff nach dem Messer, das neben ihm lag. Wenn Larsen verrückt geworden war, hieß es vorsichtig sein. Vielleicht war der Mann ja gefährlich. Umiak versteckte das Messer so, daß er es jederzeit griffbereit hatte.

Aber Larsen war völlig normal, nur ziemlich verlegen und zerknirscht. »Ich dachte, Sie wären der verdammte Bär und wollten mich holen.«

Umiak sagte nichts, sondern reichte Larsen nur einen Becher mit heißer Brühe. Larsen nahm ihn dankbar an und setzte sich, immer noch keuchend von der Anstrengung, neben das Feuer.

»Den ganzen Tag habe ich den brennenden Kopf des Bären vor mir gesehen, und als ich eingeschlafen bin, habe ich davon geträumt. Als ich aufgewacht bin, und Sie standen da vor dem Feuer...« Larsen schauderte und trank einen Schluck Brühe.

Eine Zeitlang schwieg Umiak. Dann sagte er mit einer ruhigen Sicherheit, von der er selbst nicht ganz überzeugt war: »Der Bär ist tot. Sie haben getan, was Sie tun mußten, und zwar auf die einzige Art und Weise, die sich anbot. Jetzt ist der Weg frei. Sie müssen essen und schlafen und Ihre Kräfte schonen. Keine nächtlichen Ausflüge mehr.«

Larsen nickte. Bald fielen sie durchgewärmt und gesättigt wieder in Schlaf, und diesmal wurde Larsen nicht mehr von Träumen gequält.

Als sie erwachten, waren beide Männer ausgeschlafen und zuversichtlich und hatten erneut großen Hunger. Aber als Larsen aufzustehen versuchte, wußte er, daß er in ernsten Schwierigkeiten war. Der Schmerz in seinem verletzten Bein war so groß, daß er beinahe laut aufgeschrien hätte. Die mitternächtliche Flucht vor dem Feuer hatte seinen Zustand offenbar weiter verschlechtert.

Umiak sammelte gerade Reisig, und so hatte Larsen Gelegenheit, unbeobachtet sein Hosenbein hochzustreifen und einen Blick auf die Wunde zu werfen. Der Verband war durchgeweicht und näßte. Als er Umiak zurückkommen hörte, versteckte Larsen den Verband hastig wieder unter der Hose. Er schämte sich schon genug wegen seines verrückten Ausbruchs in der Nacht. Umiak brauchte nicht zu wissen, daß er damit ihre Sicherheit noch mehr in Gefahr gebracht hatte. Er mußte auf jeden Fall weiterlaufen, notfalls auf allen vieren; denn wenn sie die Straße nicht bald erreichten, würden sie verhungern ...

Der Bär lag am eisverkrusteten Ufer eines Baches. Das schnell fließende Wasser kühlte seine Tatzen und linderte den Schmerz. Seine mächtigen Kiefer berührten die Wasseroberfläche. Auf diese Weise fand er etwas Erleichterung und konnte von Zeit zu Zeit trinken, um seinen brennenden Durst zu löschen. In ein Auge war ein Teil der Sehkraft zurückgekehrt, daher wußte er, daß der Morgen dämmerte, doch die Felsen ringsum waren nichts als graue Schemen hinter einem Vorhang aus Licht.

Noch immer verspürte er Lebenswillen in sich. Während der langen Nacht hatte er herausgefunden, daß er das Hauptgewicht seines Körpers auf die Hinterbeine verlegen und seine Vorderpranken nach innen rollen mußte, so daß nur die Außenseite der Tatzen den Boden berührte. Auf diese Weise konnte er sich einigermaßen gut fortbewegen. Sein Gehör war scharf wie eh und je, und im Augenblick genügte es ihm, auszuruhen und ein bißchen zu dösen, während der Bach sein Heilungswerk tat. Über ihm zog ein Rabe weite Kreise am Himmel. Der Rabe wußte, daß das Verhalten des Bären unnatürlich war, und allein das erregte schon seine Aufmerksamkeit. Doch die Zeit des Todes war noch nicht gekommen. Mit einem kurzen Flügelschlag glitt der Rabe auf dem Wind über die Tundra davon, bis er verschwand.

Der lange Tag ging vorüber, und schließlich erhob sich der Bär und bewegte sich langsam stromabwärts bis dahin, wo das Wasser über einen Felsenabbruch fünfzig Fuß auf eine steil abfallende Geröllhalde stürzte. Einiges von dem Wasser versprühte in der Luft, was übrig blieb, versickerte in dem losen, porösen Gestein. Der Bär blieb zögernd am Rand stehen, instinktiv spürte er die Leere unter sich. Dann wandte er sich ab, um den Schutz eines sonnenwarmen Felsens zu suchen. Dort schlief er wieder und stöhnte leise von Zeit zu Zeit, wenn der Schmerz um seine Kiefer wieder aufflammte.

Das Wolfsrudel kam bei Sonnenuntergang. Sofort erwachte der Bär, der starke Raubtiergeruch stieg ihm in die Nase und verriet ihm ihre Anwesenheit, auch wenn er ihre Umrisse nicht erkennen konnte. Mit dem Rücken zum Felsen stieß er ein warnendes Brummen aus, obwohl er sicher war, daß die Wölfe nicht angreifen würden. Sie hätten ihn vielleicht in Ruhe gelassen, denn sie begriffen, daß er keinen Kadaver zu bewachen hatte, kein Fleisch, das sie ihm stehlen konnten. Doch unmittelbar nach ihrer Ankunft spürten sie, daß mit dem Bären etwas nicht stimmte.

Die Macht der Sprache ist eine Gabe, für die ein hoher Preis bezahlt werden mußte: Über die Jahrhunderte hinweg ist die Menschheit blind und taub und ohne Gespür gegenüber Tausenden von Hinweisen und Zeichen geworden, für die die übrigen Wesen ein natürliches Empfinden haben. Ein Wolfsrudel kann bei der Begegnung mit einer Herde von fünfzig Karibus sofort feststellen, welches Tier lahmt, welches durch Parasitenbefall geschwächt, welches altersschwach ist. Ein großer Bulle kann mit Leichtigkeit über zehn Jahre oder länger einem Wolfsrudel entkommen, er vertraut vielleicht sogar so sehr auf seine Stärke und Kraft, daß er sich nicht einmal die Mühe macht zu fliehen. Das wissen die Wölfe. Sie wissen auch, daß einmal der Tag kommt, an dem der Bulle nicht mehr rennen kann, und auf diesen Tag warten sie geduldig. Würde man ihn in Ruhe lassen, könnte der Bulle noch weitere zehn Jahre überleben. Hat er jedoch einmal seine Schwäche verraten, sind seine Tage gezählt.

Der Bär hatte, ohne es zu wollen, verraten, wie es um ihn stand, und die Wölfe wurden zudringlich. Der Leitwolf unternahm einen ersten Versuch. Er rannte hin, schnappte nach seiner Hinterpfote und sprang dann sofort beiseite aus Furcht, ein scharfer Schlag mit der Vordertatze könnte ihm das Fell über die Ohren ziehen. Aber nichts dergleichen geschah. Jetzt wagten auch andere einen Angriff. Zwar richteten ihre Bisse keinerlei

Schaden an dem verfilzten, eisstarren Pelz des Bären an, aber sie versetzten ihn in Wut und scheuchten ihn von seinem Zufluchtsort neben dem Felsen auf.

In blindem Zorn wirbelte er herum und schlug nach seinen unsichtbaren Angreifern. Er konnte sie hören und riechen, aber er konnte sie nicht sehen. Immer wieder schlugen seine Pranken ins Leere, um Haaresbreite neben den Körpern der erregten Wölfe. Zu dem wütenden Brüllen des gepeinigten Bären gesellte sich ein Chor aus Knurren, heiserem Bellen und dem hohen Japsen der Jungwölfe. Nur der Leitwolf griff schweigend an.

Nach und nach wurden die Bisse wirkungsvoller, weiße Fänge gruben sich in die dünnere Haut an den Beinen, feine Blutstropfen sprühten durch die Luft, wenn der Bär wild um sich schlug und Hiebe austeilte, die keinen trafen. Es war ein Kampf nach Art der Wölfe. Denn Wölfe können nicht im offenen Angriff töten. Lieber verstümmeln sie ihr Opfer, ermüden und schwächen es durch Blutverlust. Und die ganze Zeit trieb das Rudel den Bären langsam, aber stetig unabsichtlich dem nahen Felsabbruch zu.

Unmittelbar am Rand des Felsens beging der Leitwolf einen Fehler. Er packte den Bären bei der Schnauze und hielt sie um den Bruchteil einer Sekunde zu lange fest. Als er seinen Griff lockerte, schnappte der Bär nach seinem Vorderbein und zermalmte es zwischen den Kiefern. Der Wolf versuchte sich zappelnd zu befreien; da tat der Bär einen Schritt rückwärts, bedrängt von der Meute, die sich die Gelegenheit zunutze machte und sich in seinen Hinterbacken festbiß.

Der Boden am Rand des Felsens war weich und vom Fluß unterspült. Jahrhunderte hatten ihn zermahlen, er war vom Frost zerbrochen und im Sommer von Sonne und Wind zu Pulver getrocknet worden. Plötzlich begann sich die Erde zu bewegen. Mit einem Satz sprangen die Wölfe zur Seite und ließen von dem Bären ab, mit Ausnahme des einen, der in den Kiefern des Bären gefangen war. Bär und Wolf und Hunderte von Tonnen Erde und Fels und Schlamm stürzten über den Abgrund und krachten auf die darunterliegende Geröllhalde. Der Wolf wurde weggeschleudert und starb sofort unter einem Hagel herabdonnernder Felsbrocken.

Der Bär lebte noch kurze Zeit weiter. Nachdem das erste donnernde Rumpeln des Felssturzes von den Bergen widergehallt war und dann erstarb, ertönte ein tieferes, unheilverkündendes Grollen. Ein riesiger Felsblock, der seit der Eiszeit am Rande des Berges das Gleichgewicht gehalten hatte, verlor nun seinen letzten, unsicheren Halt. Langsam glitt er den Abhang hinunter. Beinahe sanft drängte er den alten Bären zwischen die Felsen, drückte ihn mit unerbittlicher Gewalt in den nachgiebigen Erdboden und preßte ihm die Luft aus den Lungen, so daß er nicht mehr atmen konnte.

Ein paar Augenblicke lang kämpfte der Bär mit all seiner Kraft, dann erfüllte Finsternis seine Sinne. Sein Herz schlug langsamer, schwächer, flatterte, dann stand es still.

Für Larsen war von nun an jeder Schritt eine Qual. Jedesmal, wenn er den Fuß aufsetzte, durchfuhr ihn ein glühender Schmerz. Er gab sich zwar alle Mühe, den Schmerz zu verbeißen, aber bald ließ es sich nicht mehr leugnen: Er hinkte, und trotz der Kälte stand ihm Schweiß auf der Stirn. Obwohl es ihm nicht entgangen sein konnte, sagte Umiak nichts.

Sie kämpften sich Meile um Meile talabwärts. Meist konnten sie dem Bach folgen, aber manchmal mußten sie große Umwege machen, um allzu dichtem Gebüsch auszuweichen. Links und rechts von ihnen erhoben sich schweigende, verlassene Hügel. Keine Spuren waren zu sehen, keine Vögel ließen sich blicken. Die beiden Männer waren nicht mehr als zwei winzige schwarze Punkte in einer unendlichen weißen Wildnis. Vor sich sahen sie neue Berge aufsteigen. Umiak hoffte nur, daß der Bach, dem sie folgten, sie irgendwie hindurch– oder darum herumführen würde.

Der Tag verging, das Tal wurde enger, und der Weg führte steiler bergab. Der Bach neben ihnen hatte sein Tempo beschleunigt und strömte so eilig dahin, als ob er dem Winter davonlaufen wollte.

Dann blieben die Männer abrupt stehen. Der Bach mündete in einen größeren Fluß, und der Fluß floß wieder einmal nach Norden. Vor ihnen aber, auf der anderen Seite des Flusses, erhoben sich die Berge wie eine Mauer.

»Das kann nicht sein«, sagte Larsen. »Das kann doch nicht sein.«

Aber Umiak hörte gar nicht auf ihn. Er streckte die Hand aus und zeigte das Tal hinauf: »Schauen Sie!«

Larsen sah Dutzende von kleinen, schwarzen Punkten im Schnee, die sich plötzlich wie auf Kommando erhoben, ein Stück in den Himmel hinaufhüpften und dann wieder zur Erde herabsanken. »Das sind Raben«, sagte er dumpf. »Na und?«

»So viele«, sagte Umiak leise, »versammeln sich nur bei einer größeren Zahl von Kadavern.« Plötzlich packte er Larsen am Arm. »Verstehen Sie nicht?« fragte er aufgeregt. »Hier muß vor kurzem eine Karibujagd stattgefunden haben. Das heißt, ganz in der Nähe sind Jäger!«

Er machte sich sofort auf den Weg und lief so schnell das Tal hinauf, daß Larsen kaum zu folgen vermochte. Auf der anderen Seite des Flusses sah man deutlich die zahllosen Hufspuren, die den Weg der Karibuherde zu den Winterquartieren im Süden zeichneten. Blutflecken und herausgerissene Eingeweide markierten die Stellen, wo die geschossenen Tiere verendet waren. Als sie sich näherten, stoben die Raben in einer schwarzen Wolke davon. Umiak kümmerte sich gar nicht darum. Statt dessen zeigte er auf die doppelte Gleiskettenspur, die flußaufwärts davonführte. »Ein Schneemobil«, sagte er. »Wenn wir es schaffen, über den Fluß zu kommen, brauchen wir nur noch den Spuren zu folgen.«

Larsen starrte voller Entsetzen den Fluß an. Er sah gefährlich tief aus, und die Strömung war reißend. Überall sah man das bleigraue Wasser über verborgene Felsen hinwegtrudeln und schäumend in tiefe Löcher hinabstürzen. Es war ein herrliches

Fischwasser, und er hätte nur allzugern hier geangelt, jedenfalls unter anderen Umständen, aber jetzt fragte er sich beim Anblick des reißenden Flusses, ob er überhaupt je wieder fischen gehen würde.

»Daraus wird nichts«, stammelte er. »Ich kann nicht durch den Fluß waten. Sehen Sie!«

Umiak verzog das Gesicht, als er Larsens Verband sah, aber dann zuckte er die Achseln und wandte sich ab. Mit schweren Schritten ging er flußaufwärts, um einen Übergang zu suchen. Schließlich winkte er Larsen. Larsen folgte ihm und zog den Schlitten hinter sich her. Umiak zog seine Robbenfellstiefel aus.

»Geben Sie mir meine alten Stiefel aus der Tasche«, befahl er.

Larsen gehorchte, und Umiak zog sie an. »Die werden die Kälte schon einen Augenblick abhalten«, sagte er. »Los dann! Klettern Sie auf meinen Rücken!«

»Nein, das kommt überhaupt nicht in Frage«, erwiderte Larsen.

»Steigen Sie auf!« brüllte Umiak. »Oder bleiben Sie hier! Ich gehe jedenfalls rüber!«

»Warten Sie!« sagte Larsen. »Wir haben doch noch die Gefrierbeutel. Da sind ein paar ziemlich große dabei, und Klebeband haben wir auch noch. Damit kommen wir vielleicht sogar trockenen Fußes hinüber!«

Umiaks Gesicht hellte sich auf. »Ist doch gut, wenn wenigstens einer Verstand hat«, grinste er.

Sie wateten an einer Stelle über den Fluß, wo er zwar breit, aber relativ seicht war. Das Wasser war nirgends mehr als knietief. Den Schlitten mußten sie tragen, und jeden Schritt auf dem steinigen Flußbett mußten sie vorsichtig ertasten; die Strömung war so stark, daß sie Mühe hatten, sich auf den Beinen zu halten. Zweimal stolperte Larsen und wäre beinahe gefallen, konnte aber jedesmal gerade noch das Gleichgewicht halten.

Schließlich erreichten sie, ohne nasse Füße bekommen zu haben, das andere Ufer, und Umiak zog erleichtert wieder seine Robbenfellstiefel an. Sorgenvoll schüttelte er den Kopf über den

Schneemobilspuren. »Zwei, drei Tage sind die schon alt«, sagte er. »Die Jäger sind schon weit weg. Schade, daß sie nur so viele Karibus geschossen haben, wie sie gleich mitnehmen konnten. Wenn sie einen Teil der Beute hier gelagert hätten, hätten wir nur zu warten brauchen, bis sie zurückkommen.«

Die Spuren führten bergauf und nach Süden. Aber das störte Umiak nicht. Gegen Abend erreichten sie einen See.

17

»Jetzt weiß ich, wo wir sind«, erklärte Umiak plötzlich.

Larsen warf einen Blick auf den zugefrorenen, rosarot im Abendlicht schimmernden See, auf die Überreste eines Lagerfeuers, den niedergetrampelten Schnee und das Rechteck, wo ein Zelt gestanden haben mußte. »Hier ist offenbar das Lager Ihrer Freunde gewesen.«

Umiak nickte. »Vielleicht waren sie gestern abend noch hier. Hier übernachten oft Jäger. Vor einigen Jahren habe ich auch einmal an dieser Stelle mein Zelt aufgeschlagen.«

»Und wie weit ist es jetzt noch?« fragte Larsen.

»Nach Anaktuvuk?« Umiak lächelte zufrieden. »Nicht mehr weit.«

»Hören Sie«, sagte Larsen. »Ich bin kein Dummkopf. Ihre Freunde haben hier übernachtet, obwohl sie ein Schneemobil hatten. Wenn es wirklich so nahe wäre, wären sie doch einfach nach Hause gefahren, nicht wahr? Also wie weit ist es noch? Hundert Meilen?«

Umiak schüttelte entsetzt den Kopf. »Nein, nein! So weit ist es nicht. Vielleicht vierzig Meilen.«

Larsen war ungeheuer erleichtert. Vierzig Meilen mit einem Bein, das jeden Augenblick endgültig streiken konnte, waren zwar ein weiter Weg. Trotzdem würden sie, wenn nichts Unvorhergesehenes dazwischenkam, in ein, zwei Tagen in Sicherheit sein. Er würde durchhalten, selbst wenn er kriechen mußte, dessen war sich Larsen sicher.

Sie machten es sich so bequem wie möglich. Das Buschwerk war üppiger hier: Erlen und Weiden mischten sich mit Pappeln und Krüppelbirken, und an den Berghängen waren überall große Flächen mit Beerensträuchern zu sehen.

Doch obwohl sie an diesem Abend wieder ein schönes Feuer und reichlich zu essen hatten, mußte Larsen immerzu daran denken, in welchem Luxus vermutlich die Jäger geschwelgt hatten. Es peinigten ihn Visionen eines hellerleuchteten Zeltes, in dem ein Paraffinofen gemütliche Wärme verbreitete. Er stellte sich die Daunenschlafsäcke vor, er dachte an heißen, süßen Kaffee und die saftigen, im eigenen Fett gebratenen Karibu-Steaks.

Umiaks Gedanken hatten offenbar eine ähnliche Richtung genommen. »Schade, daß wir nicht früher hier waren«, sagte er kauend. »Ein bißchen Gesellschaft wäre nicht schlecht gewesen.«

»Haben Sie denn meine so satt?« fragte Larsen.

»Nein«, stammelte Umiak verlegen. »Keineswegs, Mr. Larsen. Ich wollte nicht ...«

Larsen lachte. »Schon gut! Ich weiß genau, was Sie meinen. Sie haben es selbst gesagt, der Mensch ist ein Herdentier.«

Plötzlich fiel ihm wieder Umiaks Förmlichkeit auf. »Sagen Sie, was haben Sie eigentlich gegen den Gebrauch von Vornamen?« fragte er ganz direkt. »Haben Sie vielleicht keinen?«

Jetzt mußte Umiak lachen. »Doch, ich habe einen. Ich bin sogar richtig getauft worden, von einem Presbyterianer. Und später, in der High-School, habe ich gelernt, daß das Christentum die einzig richtige Religion ist und die Bräuche meiner Vorfahren alle auf Aberglauben beruhen.«

»Sie waren auf der High-School?« unterbrach Larsen ihn.

»Sicher«, sagte Umiak ungehalten. »In Kansas. Das haben viele von uns gemacht.«

»Es hat Ihnen wohl nicht gefallen in der Schule, oder?«

»Nein, ich war froh, wieder nach Hause zu kommen. Aber ich

habe doch immerhin eine Menge gelernt. Ich habe zum Beispiel gelernt, daß es noch ein paar andere ›richtige‹ Religionen gibt, wie z.B. Buddhismus und Hinduismus, und ich habe festgestellt, daß sie alle viel Wahres enthalten, ebenso wie der alte Glaube meiner Vorfahren.«

»Aber das erklärt noch nicht, warum Sie sich so ungern beim Vornamen nennen lassen.«

Umiak zögerte. »Nun ja, vielleicht ist es wirklich nur ein alberner Aberglaube, aber bei meinen Leuten sagt man, daß man sich in die Gewalt eines anderen begibt, wenn man ihm den Vornamen nennt.«

Larsen wollte schon lachen, als ihm plötzlich einfiel, daß er Umiak seinen eigenen Vornamen mitgeteilt hatte und ihm tatsächlich praktisch die ganze Zeit über völlig ausgeliefert gewesen war. Es war ein unbehaglicher Gedanke, der ihm eine ganze Weile zu schaffen machte. Er lag noch lange wach. Die Vorstellung erregte ihn, daß ihre Strapazen beinahe zu Ende waren, und er fürchtete, daß in letzter Minute noch etwas schiefgehen könnte. Wie lange noch, bis ihre Reise zu Ende war?

Vierzig Meilen schienen nicht viel zu sein. Wenn sie gut vorankamen, sollten sie in zwei Tagen in Sicherheit sein. Er vermutete, daß sie an diesem Tag zwanzig Meilen geschafft hatten, obwohl die letzten Stunden eine Qual gewesen waren. Jetzt, da er sich ausruhen konnte, ebbte der Schmerz in seinem Bein ab. Morgen früh würde es zwar steif sein und höllisch wehtun, aber es war hoffentlich wieder zu gebrauchen.

Sie brachen mit dem ersten Tageslicht auf. Umiak schnallte ihr Bettzeug auf dem Schlitten fest und gab sich den Anschein, als merke er nicht, daß Larsen mit zusammengebissenen Zähnen auf seinem verletzten Bein zu stehen versuchte. Als sie sich in Marsch setzten, ging Umiak bewußt langsam, um seinem Gefährten den Weg zu erleichtern. Sie folgten wieder den Schneemobilspuren, die an einem Bach entlangführten. Links und rechts von ihnen ragten die Berge zweitausend Fuß hoch auf. Das Tal wurde breiter, und sie kamen an einem kleinen See vorbei. Hier endete der Bach, aber ein paar Kilometer weiter erreichten sie eine sanfte Anhöhe, von der ein anderer Bach wieder bergab führte.

Larsen war blind für seine Umgebung. Bloße Willenskraft hielt ihn noch aufrecht. Er dachte nur daran, daß er vorwärtsgehen mußte, daß er überlegen mußte, wohin er den linken Fuß setzte, daß er sein ganzes Gewicht auf den rechten Fuß legen mußte, daß er einen Schritt nach dem anderen tun mußte. Er bemerkte gar nicht, daß die Sonne im Dunst verschwand und die Berge plötzlich näher heranrückten. Erst ein unwilliges Räuspern seines Gefährten rief ihn in die Wirklichkeit zurück. »Was ist denn?« fragte er.

Umiak nickte nach Osten. »Da hinten zieht ein Gewitter auf«, sagte er. »Ein Schneesturm. Ich fürchte, jetzt ist es aus mit dem guten Wetter.«

Larsen warf einen Blick zur Seite. Violette Wolken, die sich vor seinen Augen zu immer höheren Bergen auftürmten, bedeckten den Horizont.

Grell beleuchtete, rauchende Wolkengipfel ragten hoch in den Himmel hinauf, während die Unterseite der Sturmfront schwarz und drohend auf die Landschaft herabhing. An den Flanken zuckten bereits die ersten Blitze herunter. »Ich glaube, wir müssen irgendwo Schutz suchen«, murmelte Larsen.

»Und zwar schnell«, sagte Umiak.

Die Nordhänge waren ziemlich kahl, während die Südhänge mit struppigen Büschen bedeckt waren, in denen sie sicher einen brauchbaren Unterschlupf gefunden hätten. Aber das Tal war an dieser Stelle fast zwei Kilometer breit, und um das Dickicht zu ereichen, hätten sie durch den Bach waten müssen. Rechterhand lagen ein paar große Felsblöcke am Ufer, und darauf steuerten die beiden Männer jetzt zu. Larsen konnte beim besten Willen nur ein mühseliges Humpeln zustandebringen, deshalb lief Umiak mit dem Schlitten voraus. Als Larsen herankam, hatte er bereits eine geschützte Stelle zwischen den Felsen gefunden, den Schlitten entladen und als Windschutz aufgestellt. Jetzt stapelte er in fieberhafter Eile Steine auf, damit der Schlitten nicht umfallen konnte.

Larsen wollte ihm helfen, aber Umiak winkte ab. »Breiten Sie das Bettzeug aus und legen Sie sich darauf«, brüllte er. »Lassen Sie es um Himmels willen nicht wegwehen. In ein paar Minuten wird der Wind so stark sein, daß wir uns nicht mehr auf den Beinen halten können.«

Schon jetzt heulten orkanartige Böen um sie herum. Larsen stolperte und warf sich mit letzter Kraft auf das Bettzeug. Während er es in den Windschutz des Schlittens zog, sah er plötzlich Umiak durch die Luft segeln. Der Sturm hatte ihn von den Beinen gerissen und warf ihn flach in den Schnee. Umiak machte gar keinen Versuch mehr, noch einmal aufzustehen, sondern kroch auf allen vieren, dicht an der Erde, zu ihrem Lager. Gemeinsam entrollten sie das Karibufell und das Bettzeug und hielten es mit ihrem Körpergewicht am Boden. Dann krochen sie hinein. Ihre sonstigen Habseligkeiten hatte Umiak zwischen den Steinen versteckt. Sie konnten nur hoffen, daß sie nicht wegfliegen würden.

Eine weitere Sturmbö fegte über sie hinweg. Der Schlitten zitterte und wurde fest gegen ihre Rücken gedrückt, blieb aber stehen. Blitze zerrissen den Himmel, und Donner rollte durchs Tal. Die ersten Schneeflocken jagten vorbei wie kleine Pfeile aus Eis, wurden heruntergerissen und bohrten sich in ihre Gesichter, bis sie ihre Köpfe in den Armen versteckten. Larsen lag direkt hinter dem Schlitten; Umiak neben ihm zitterte vor Kälte und Erschöpfung. Sein Atem rasselte wie kindliches Schluchzen in seiner Kehle, und schließlich legte ihm Larsen spontan den Arm um die Schultern und zog ihn noch dichter zu sich heran, um auch noch das letzte Quentchen Wärme mit ihm zu teilen. Ganz allmählich entspannte sich Umiak, und sein Atem ging leichter. Larsen dachte, er schliefe.

Draußen wurde es immer dunkler, so daß man glauben konnte, es wäre schon Nacht. Von Zeit zu Zeit erhellten Blitze die Szene. Larsen spürte, wie der Schlitten gegen seine Wirbelsäule hämmerte, wartete auf den Donner und befürchtete jeden Augenblick, daß der Sturm ihren zerbrechlichen Unterschlupf in Stücke reißen würde. So vergingen die Sekunden, Minuten und Stunden, während der Sturm zwischen den Felsen dahinraste. Allmählich betäubte der Höllenlärm seine Sinne, und Larsen schlief ein.

Als er wieder erwachte, hatte er einen Moment lang das Gefühl, er müsse ersticken. Er stieß das Bettzeug von seinem Gesicht und entdeckte, daß sie von fußhohem Pulverschnee eingehüllt waren. Es war Nacht, das Getöse des Sturms war vorbei, und über ihm standen die Sterne am Himmel. Erschöpft fiel er wieder in Schlaf.

Als er das Bewußtsein wiedererlangte, war es Tag. Jetzt war es nicht mehr das Tosen des Windes, sondern ein anderes Geräusch, das Larsens Aufmerksamkeit weckte. Es war ein leises, unregelmäßiges Rasseln und Pfeifen, das er zunächst gar nicht zu identifizieren vermochte. Dann wurde ihm klar, daß es Umiaks Atem war, flach, schnell und viel zu laut. Der Mann schien zu schlafen, aber sein Gesicht war gerötet, und auf seiner Stirn standen Schweißperlen.

Als er Larsens Blick spürte, öffnete Umiak die Augen. Er versuchte zu lächeln, als er Larsens besorgtes Gesicht sah, aber das Lächeln wollte ihm nicht recht gelingen.

»Jetzt bin *ich* in Schwierigkeiten«, flüsterte er.

Larsen nickte. »Sieht so aus, als kriegten Sie eine Lungenentzündung.«

»Ja, es tut bei jedem Atemzug weh.« Umiak schloß die Augen. »Geschieht mir recht. Ich habe mich überanstrengt. Erst geschwitzt und dann gefroren. Ich hätte es wissen müssen.«

Larsen stützte sich auf einen Ellenbogen und überlegte. Umiak mußte so schnell wie möglich ärztlich versorgt werden. Aber selbst wenn er es wagte, seinen Gefährten alleinzulassen, würde er mindestens zwei Tage brauchen, bis er irgendwelche Hilfe holen konnte, und bis dahin war es zu spät.

Er überlegte, ob er Umiak auf den Schlitten legen und die

letzten vierzig Meilen ziehen könnte, aber damit würde er dem Mann wohl den Rest geben.

»Sie werden mich hier zurücklassen müssen«, sagte Umiak. »Machen Sie sich keine Sorgen, solange ich still liegenbleibe, ist es gar nicht so schlimm. Es hat keinen Sinn, daß Sie hierbleiben, bis ich gestorben bin.«

»Sie werden nicht sterben«, knurrte Larsen wütend. »Liegen Sie ruhig, solange ich nachdenke.«

Umiak versuchte zu lachen. »In der Schule hatten wir einen Geistlichen, der uns Lesen und Schreiben und Englisch beigebracht hat. Er hatte für jede Gelegenheit das passende Sprichwort parat. Eine seiner ständigen Redensart war: ›Harte Arbeit hat noch niemand geschadet.‹ Wie es scheint, hatte er unrecht. Mich kostet die harte Arbeit das Leben.«

»Noch sind Sie nicht tot, verdammt noch mal«, zischte Larsen. »Jetzt halten Sie endlich den Mund! Schonen Sie Ihre Kräfte, und lassen Sie mich überlegen.«

Er sah sich um. Der Sturm hatte weite Bereiche des Tals vollkommen schneefrei gefegt, während anderswo hohe Schneewehen lagen. Auf der anderen Seite des Baches waren kahle Büsche und nackte Felsen zu sehen. Dort mußte viel trockenes Holz liegen.

Sollte er versuchen, Umiak dort hinüberzubringen? Larsen war sich nicht sicher, ob er das schaffen würde, vor allem weil er dann ja über den Bach mußte. Es war besser, ihn hierzulassen und ihm soviel Feuerholz wie möglich zu bringen. Dann hätte es Umiak wenigstens warm.

Wenn er nur Hilfe herbeirufen könnte! Er musterte den kahlen Berghang, und plötzlich hatte er eine Idee. Er wußte, daß sich die Forstbehörden bemühten, grundsätzlich jedes Buschfeuer unter Kontrolle zu bringen und möglichst zu löschen. Die Hälfte der eingeborenen Bevölkerung war den ganzen Sommer über mit der Brandbekämpfung beschäftigt. Wenn es ihm gelang, einen Waldbrand zu legen, würde bestimmt jemand kommen.

Wenn es nötig ist, dachte er, werde ich den ganzen Berg abbrennen. Er klopfte Umiak auf die Schulter. »Ich werde ein bißchen Feuerholz holen«, verkündete er. »Bin gleich wieder da.«

Es waren noch zwei Benzinsäcke da. Larsen überprüfte, ob er das Feuerzeug und ein Stück Kabel dabeihatte, mit dem er das Feuerholz bündeln konnte, und machte sich auf den Weg.

Der Schnee auf dem Talboden war fest und vom Wind zusammengepreßt, aber er war rutschig, und Larsen mußte beim Gehen sehr achtgeben. Zu seiner Erleichterung war der Bach so seicht, daß er kaum seine Stiefelsohlen naßmachte. Und das Gestrüpp war noch dichter, als er aus der Entfernung gedacht hatte.

Larsen machte sich methodisch ans Werk. Wie ein professioneller Brandstifter prüfte er zunächst die Windrichtung und trug dann mehrere Reisighaufen zusammen. Trockenes Holz gab es genug, und er schaffte beiseite, was er glaubte, über den Bach auf die andere Seite tragen zu können. Denn wenn sein Werk vollendet war und den gewünschten Erfolg gebracht hatte, würde es in der Umgebung nicht mehr viel Brennbares geben.

Als er alles vorbereitet hatte, stach er ein kleines Loch in einen der Kerosinsäcke. Mit dem herausfließenden Benzin tränkte er zunächst die Reisighaufen und legte dann eine Art flüssiger Lunte. Als der Beutel leer war, warf er ihn auf den nächsten Reisighaufen und knipste das Feuerzeug an.

Das Feuer kam nur mühsam in Gang, und Larsen sah nervös zu, wie langsam die Flämmchen in das Buschwerk übersprangen, hier und da aufflackerten, aber auch immer wieder in sich zusammenfielen und erloschen. Dann kam ein stärkeres Knistern, und ein größerer Busch flammte auf. Funken stiebten, und dichter schwarzer Rauch stieg zum Himmel. Eine Zeitlang blieb das Feuer stehen, dann bewegte es sich langsam den Abhang hinauf. Die Hitzeentwicklung erzeugte einen ständig wachsenden Luftstrom, die Flammen schlugen immer höher hinauf, und plötzlich schien der ganze Berg auf einmal zu brennen. Eine gewaltige Feuerwalze raste durch das Gestrüpp und vernichtete in wenigen Minuten, was in Jahrzehnten gewachsen sein mochte.

Erschrocken taumelte Larsen zurück, als die unerwartete Hitze und das mächtige Brausen des Feuers ihn streiften. Dichter Rauch stieg aus den lodernden Flammen, höher und immer höher, bis weit hinauf über die Berggipfel. In der klaren Winterluft mußte man diese Rauchsäule meilenweit sehen.

Als er überzeugt war, daß er alles getan hatte, was er tun konnte, wandte Larsen sich ab, nahm seine Holzbündel und machte sich auf den Rückweg. Als er die Hälfte der Strecke zurückgelegt hatte, mußte er eine Verschnaufpause einlegen. Die Last, die er sich aufgeladen hatte, war schwerer, als er gedacht hatte. Vor ihm lag jetzt eine geschlossene Schneedecke, und bei ihrem Anblick kam Larsen eine andere Idee. Er legte sein Holzbündel ab, ging in die Mitte der Schneefläche und legte sich längelang in den Schnee. Kriechend beschrieb er einen großen S-Bogen, dann einen Kreis und noch einen S-Bogen.

18

Er hatte versagt. Niedergeschlagen saß Larsen am Feuer und betrachtete den gegenüberliegenden Abhang, auf dem die letzten Überreste des Brandes erloschen. Hier und da waren noch gelbe Flammenzungen zu sehen, und an mehreren Stellen glimmte am Boden noch rote Glut, aber die Rauchwolke hatte sich aufgelöst und war am blaßblauen Himmel verschwunden. Larsen hatte das letzte Fleisch gekocht und Umiak überredet, etwas Brühe zu trinken, aber die Stunden vergingen, und es gab keinerlei Anzeichen dafür, daß ihr Notsignal gesehen worden war.

Jetzt waren sie beide am Ende. Larsens Bein war in so schlechtem Zustand, daß er es kaum zurück zum Lager geschafft hatte. Er hatte sich nicht einmal entschließen können, die Wunde zu untersuchen. Umiak schlief, aber er war unruhig, und von Zeit zu Zeit stieß er für Larsen unverständliche Sätze in der Eskimosprache aus. Sein Atem war noch schneller und lauter geworden. Er schien im Delirium zu sein und hatte offensichtlich vergessen, was sein alter presbyterianischer Lehrer ihm beigebracht hatte. Komisch, dachte Larsen. Das erklärte auch die äußerst präzise, beinahe pedantische Sprechweise des Mannes. Larsen fragte sich, ob alle Schulkameraden Umiaks auf die gleiche Weise redeten.

Ein Rabe erschien hoch am Himmel. Er kreiste über dem verbrannten Abhang und erhielt bald Gesellschaft von einem zweiten und dritten. Ohne Zweifel warteten sie darauf, daß sich die Brandstelle abkühlte, damit sie in der Asche nach den Kadavern der kleinen Tiere und Vögel suchen konnten, die das Feuer getötet hatte. Schaudernd dachte Larsen daran, daß er wieder einmal ein Gemetzel veranstaltet hatte. Andererseits fragte er sich, ob das, was die Raben fressen wollten, nicht auch für ihn und Umiak als Nahrung dienen konnte. Aber was hatte es schon für einen Sinn, wenn er sich jetzt aufraffte, um seine traurige Beute zu holen? Früher oder später würden sie doch sterben. Der Fatalismus, der Umiak befallen zu haben schien, ergriff nun auch von Larsen Besitz. Irgendwie erleichtert ließ er sich wieder aufs Lager sinken. Endlich war der Kampf vorbei, und zumindest brauchte er nicht mehr zu laufen.

Dann hörte er es: das Motorengeräusch eines hoch am Himmel kreisenden Flugzeugs. Langsam erhob er sich und starrte zum Himmel hinauf. Sein Herz pochte wild, und seine Knie zitterten. Er suchte den gesamten Horizont ab, aber es war nichts zu sehen. Das Geräusch wurde schwächer, schwoll dann aber doch wieder an, und schließlich kam die Maschine über den Berg geschossen. Eine leuchtend orange gestrichene, zweimotorige Piper. Larsen humpelte zwischen den Felsen heraus auf eine große Schneefläche. Als das Flugzeug über ihn wegbrauste, begann er wild mit den Armen zu rudern. Die Maschine kehrte um und flog noch einmal durch das Tal, diesmal erheblich tiefer. Einen Moment lang glaubte Larsen, der Pilot würde landen, aber er hatte wohl doch um sein Fahrgestell Angst. Das Flugzeug verschwand hinter den Bergen, und Larsen war wieder mit der Stille allein. Aber jetzt wußte er: Sie waren gerettet. Er versuchte, Umiak davon zu erzählen, aber der Kranke schien nicht zu verstehen. Da es nichts weiter zu tun gab, kroch Larsen wieder unter die Decke und wartete ab.

Er mußte wohl eingenickt sein, denn die brüllenden Motoren der Schneemobile rissen ihn aus tiefem Schlaf hoch. Er kroch aus ihrem Unterschlupf und sah zu, wie die beiden Schneemobile das Tal heraufbrausten. Er glaubte, noch nie etwas so Schönes gesehen zu haben. Der Fahrer des ersten Fahrzeugs brachte seine Maschine dicht vor ihm zum Stehen. Es handelte sich um einen vierschrötigen Burschen mit einer schwarzen Sonnenbrille und einem Schnauzbart. Er schien über Larsens Anblick nicht im geringsten erfreut. »Ihr zwei habt uns eine Menge Ärger gemacht«, erklärte er lautstark.

Larsen überlegte eine Weile. »Ich glaube, das Wetter war daran schuld«, sagte er schließlich.

Als er aus der Narkose erwachte, saß Sylvie neben seinem Bett. »Wo bist du solange gewesen?« murmelte Larsen.

Sylvie legte einen Finger auf die Lippen. »Nicht sprechen, Steve. Ruh dich aus. Dein Bein kommt wieder in Ordnung. Wenn die Infektion abgeheilt ist, muß es noch einmal operiert werden, aber das machen wir erst zu Hause im Süden.«

Larsen schloß die Augen. »Wie geht es Umiak?« fragte er.

»Gut. Er ist noch sehr schwach, aber das Fieber ist wieder heruntergegangen. Ich glaube, sie haben euch gerade noch rechtzeitig gefunden. Er ist aber auch ein zäher Bursche.«

Zäh ist er wahrhaftig, dachte Larsen. Er mußte daran denken, wie ihre Retter sie auf einen Schlitten geschnallt und holterdipolter hinter einem Schneemobil zu ihrer Basis zurückgebracht hatten. Wie Umiak diese Fahrt überlebt hatte, war ihm ein Rätsel. Er erinnerte sich noch dunkel daran, daß sie mit einem Flugzeug weitertransportiert worden waren. Aber wo er jetzt war, wußte er nicht. Er wollte Sylvie fragen, aber statt dessen fiel er wieder in Schlaf.

Als er erneut wach wurde, war er zwar ausgeschlafen, aber

sehr hungrig. Mit geschlossenen Augen malte er sich aus, was er alles gern essen würde. Am Ende aß er aber nur ein Stück Toast und trank eine Tasse Kaffee, und das reichte vollkommen. Danach wurde ihm sein Krankenbett plötzlich zu eng. Nach der kalten arktischen Luft fand er es im Krankenhaus heiß und stikkig, und die Bettlaken erschienen ihm wie ein sanftes Gefängnis.

Bald kam Sylvie herein und machte sich an seinem Bettzeug zu schaffen. Sie schüttelte das Kopfkissen auf und rückte die Decke zurecht. Aber Larsen war nicht zufrieden.

»Wo sind meine Sachen?« fragte er plötzlich.

Das Mädchen kräuselte angewidert die Nase. »Deine Kleider haben wir verbrannt. Wir haben aber vorher die Taschen ausgeleert. Die Sachen liegen im Nachttisch.« Sie zog eine Schublade auf.

Larsen beugte sich vor und sah die Pfeilspitze. »Hier«, sagte er. »Ich hatte dir doch ein Andenken versprochen, nicht wahr?«

Sylvie hielt die winzige, bernsteinfarbene Pfeilspitze gegen das Licht. Der durchscheinende Feuerstein schimmerte warm. »Oh, die ist schön«, sagte sie. »Wo hast du sie her?«

»Ich habe sie gefunden«, sagte Larsen. »Ein Zeichen menschlicher Kunstfertigkeit in der Wildnis. Ich habe mir gedacht, wenn die Eskimos in diesem Land überleben, dann kann ich es auch. Aber ohne Umiak hätte ich es niemals geschafft.«

»Und Umiak wäre jetzt tot ohne dich. Der Pilot hat gesagt, wenn du nicht das SOS in den Schnee gekratzt hättest, wäre er weitergeflogen. Das Buschfeuer war ohnehin schon fast erloschen, als er vorbeikam, und er meinte, es lohne nicht mehr, es zu melden.«

Larsen erinnerte sich plötzlich wieder daran, wie er sich in den Schnee gelegt hatte. »Willst du damit sagen, der Pilot hat gar nicht nach uns gesucht?« fragte er.

»Warum sollte er? Kein Mensch wäre ja auf die Idee gekommen, daß ihr nach Osten marschiert. Als sie schließlich das Flugzeugwrack fanden, waren sie überzeugt, ihr wärt nach Norden gegangen, zum Ölfeld. Wir haben völlig in der falschen Gegend nach euch gesucht.«

»Warte mal, von was für einem Ölfeld redest du da?«

Sylvie starrte ihn verblüfft an. »Ungefähr zwanzig Meilen nördlich der Unfallstelle ist ein Ölfeld mit einer asphaltierten Rollbahn und einem Bohrturm. Da wärt ihr vollkommen sicher gewesen. Warum seid ihr denn nicht dahin gegangen? Es steht doch auf jeder Landkarte!«

»Unsere Landkarte ist weggeweht worden«, sagte Larsen müde. »So konnte Umiak nichts davon wissen. Außerdem wußten wir ja nicht, wo wir waren.«

Plötzlich lachte er laut auf. »Da haben wir ja einen hübschen Ausflug durch die Arktis gemacht!«

Ehe er nach Hause flog, verabschiedete sich Larsen von Umiak, dessen Genesung rasche Fortschritte machte. Als er das Zimmer betrat, fand er noch einen zweiten Besucher am Krankenbett vor, einen rundgesichtigen, fröhlichen Mann, dessen Augen nur zwei glitzernde schwarze Schlitze über den Backenknochen waren.

»Das ist der Freund, den ich besuchen wollte«, erklärte Umiak. »Der Mann, dem ich das Robbenöl mitbringen wollte.«

Larsen erinnerte sich daran, auf welche Art und Weise er das Robbenöl verbrannt hatte, und grinste verlegen. Der Fremde klopfte sich fröhlich auf seinen voluminösen Bauch. »Machen Sie sich keine Gedanken wegen des Öls«, lachte er. »Ich bin sowieso schon zu fett.«

»Freut mich, daß Sie es mir nicht verübeln«, sagte Larsen. »Ich bedaure allerdings schon, daß ich nicht gesehen habe, was für Schnitzereien in Anaktuvuk gemacht werden. Jetzt fliege ich mit leeren Händen nach Hause.«

Der Fremde sah ihn nachdenklich an. »Vielleicht kann ich Ihnen da helfen. Ich kenne ein oder zwei Leute, die sehr schöne Schnitzereien machen, sowohl aus Speckstein als auch aus Horn. Vielleicht haben die Lust, Sie zu beliefern.« Er zog ein großes Stück Papier aus der Tasche und kritzelte mit einem Bleistiftstummel seine Adresse darauf. »Hier«, sagte er. »Setzen Sie sich doch mit mir in Verbindung, wenn Sie wieder mal hier heraufkommen.«

»Großartig«, sagte Larsen. »Das werde ich machen. Vielen Dank.«

»Na, hören Sie mal. Für einen Freund von Joe tue ich alles. Joe hat mir gerade erzählt, Sie hätten ihm das Leben gerettet.«

»Joe?« Larsen warf Umiak einen scharfen Blick zu, aber der Kranke hielt den Blick unbeweglich auf seine Bettdecke gerichtet.

»Ich wollte es eigentlich schon lange sagen«, murmelte er, »aber irgendwie bin ich nicht dazu gekommen . . .«

»Erzähl mir bloß nicht, daß du noch an den alten Aberglauben mit den Vornamen glaubst!« spottete Umiaks Freund. »Demnächst behauptest du noch, du glaubst an Schamanen!«

»Ich bin mir nicht sicher, ob er nicht selbst ein Schamane ist«, sagte Larsen. »Dort draußen in der Wildnis hat er sich in ein Karibu verwandelt, direkt vor meinen Augen, um eine Ladung Feuerholz über ein Schneefeld tragen zu können.«

Einen Augenblick huschte ein unsicheres Flackern über das Gesicht des kleinen Mannes. Umiak sah es und grinste Larsen verschwörerisch an, der ihm zublinzelte.

»Halluzinationen«, erwiderte der andere Mann. »Passiert in diesem Land dauernd. Na ja, ich muß jedenfalls gehen. Ihr könnte euch ja noch Märchen erzählen. Ist ohnehin ein Wunder, daß ihr beide nicht den Verstand verloren habt, wenn auch nur die Hälfte von dem stimmt, was Joe mir erzählt hat. Bis später, Joe. Goodbye, Mr. Larsen, kommen Sie gut nach Hause, und vielen Dank für alles, was Sie getan haben. Dafür schulde ich Ihnen noch etwas.«

Er ging hinaus und machte die Tür hinter sich zu.

»Ich schulde dir auch sehr viel . . . Joe«, sagte Larsen leise.

»Und ich dir, Steve.«

Larsen streckte die Hand aus, und Umiak faßte sie mit seinen beiden Händen. Plötzlich wurde Larsen schrecklich verlegen und wußte nicht mehr, was er sagen sollte. »Du siehst blaß aus«, stammelte er.

»Das Essen des weißen Mannes«, erwiderte Umiak, und sie lachten beide. »Ich habe mir übrigens etwas überlegt«, fuhr Umiak fort. »Wenn du wieder herkommst wegen des Andenkenhandels, könnten wir eigentlich einen richtigen Jagdausflug machen.« Er grinste. »Wir könnten ja ausnahmsweise mal eine richtige Ausrüstung mitnehmen. Ich kenne ein paar fabelhafte Bäche zum Angeln. Und vielleicht könnten wir zusammen eine organisierte Tour durch die Wildnis für ein paar deiner Kunden ausarbeiten.«

»Das würde mir gefallen«, erwiderte Larsen. Voller Überraschung stellte er fest, daß er es ernst meinte. Er hatte alle Angst vor der Wildnis verloren und bedauerte fast schon, nicht noch mehr davon gesehen zu haben. Er löste seine Hand aus Umiaks Griff. »Ehe ich es vergesse«, sagte er. »Eine kleine Erinnerung an unseren Trip.« Er steckte die Hand in die Jacke, zog das kleine Taschenmesser heraus und ließ es Umiak in den Schoß fallen. Lange starrte Umiak es an, ohne etwas zu sagen, dann schloß er seine Hand darüber.

»Mach's gut, Joe«, sagte Larsen.

»Mach's gut, Steve«, sagte Umiak leise. An der Tür drehte sich Larsen um, um noch einmal zu winken. Aber Umiak betrachtete nachdenklich das Messer. Liebevoll drehte er es in seinen kräftigen, starken Händen hin und her.

ArenaBücher. Das Leben erleben.

Jürgen Banscherus · Asphaltroulette
Ein riskantes Spiel mußte Sven mit seinem Leben bezahlen. Aus Annes Berichten rekonstruiert der Erzähler die Ereignisse.
Anne kommt aus guter Familie. Die Schule, die Gespräche mit ihrer Freundin und die Auseinandersetzungen mit ihren Eltern bestimmen ihr Leben. Eines Tages aber lernt sie Sven kennen. Und Sven verliebt sich ausgerechnet in sie. Er, der kein Zuhause hat, der ständig am Rande der Kriminalität lebt.
Vielleicht hätte er Fuß gefaßt, wenn die Beziehung zu Anne besser gelaufen wäre.
Aber so setzt er alles auf eine Karte.
136 Seiten. Gebunden. J u. E

Arena

ArenaBücher. Das Leben erleben.

Ulrich Harbecke
Entwarnung
Merkwürdiges geschieht, als der dritte Weltkrieg droht, Ost und West sich bis an die Zähne bewaffnet gegenüberstehen. Ein Virus der Friedfertigkeit beginnt seinen Siegeszug.
Auch die Bundesregierung muß dies zur Kenntnis nehmen, und als selbst der Kanzler bei der notwendigen Fernsehansprache ins Lager der Friedfertigkeit wechselt, ist die Begeisterung grenzenlos.
Nur Rudi Sopzak ist immun. Er besteht auf seinem Recht auf Wehrdienst. So wird er zum ernsten Problem, mit dem sich ein Prüfungsausschuß beschäftigen muß.
144 Seiten. Gebunden. J u. E

Arena

ArenaBücher. Das Leben erleben.

Alfred C. Baumgärtner · Milans Entscheidung
Anfang der 30er Jahre in Jugoslawien: Milan, der
junge Straßenbauingenieur, arbeitet mit einer Widerstandsgruppe zusammen, die einen Anschlag auf den
verhaßten Repräsentanten der Militärdiktatur in
diesem Teil des Landes plant. Doch Milan geht es nur
darum, sich an dem General zu rächen, der vor Jahren
mit Soldaten den Hof seiner Eltern überfiel. Milan
überlebte als einziger.
Obwohl seine Freundin Jovanka versucht, ihm die
Sinnlosigkeit seines Handelns klarzumachen, beharrt
er auf sein Vorhaben.
Doch dann passiert etwas völlig Unvorhergesehenes...
152 Seiten. Gebunden. J u. E

Arena